MUEL CLASON

巴比倫的好野人

讓年輕人不再喊窮

喬治·山繆·克拉森 著

張璨文 譯

GEORGE SAMUEL CLASON

巴比倫的好野人

讓年輕人不再喊窮

喬治·山繆·克拉森 著

張瓅文 譯

金錢是衡量人世間成功與否的媒介。
金錢讓人可以享受到世界上最美好的事物。
懂得生財之道的人，財富才會源源不絕。
六千年前古巴比倫富人的致富之道，
同樣適用於今日世界。

瞧，懂得生財之道的人，
財富是源源不絕的，
而且方法很簡單。

1 開始增加存款
2 控制開銷花費
3 資產不斷翻倍
4 防止財富受損
5 購入房產投資
6 確保未來收入
7 提高賺錢能力

繼續讀下去，你會學到更多！

目錄

CONTENTS

前言

巴比倫的理財之道

一個國家的繁榮昌盛，取決於每一位國民的經濟實力。

本書講述要如何取得個人成功。所謂成功，意指個人的能力與付出得到的成就。充分的準備是通往成功的關鍵。思考往往比行動更明智，理解通常比思考更高明。

本書旨在為阮囊羞澀的人們提供理財指南，而其真正的目的是為想要獲得財富的人們提供洞見，幫助他們得到金錢、留住財富，並利用錢滾錢獲得更多財富。

在接下來的內容裡，我們要回到古巴比倫的世界。當今世界廣泛認可與使用的金融基本原則，就是源起於此。

對於第一次讀到這本書的讀者，我很樂於分享這些理財之道，為你增加銀行存款、進一步獲得財富成功，並且為財務困難提供解決方案，以上都得到各地讀者熱烈的迴響。

對於將本書內容慨然與親朋好友、員工和同事分享的企業主管，我也要在此表達感謝。業界人士的肯定就是對本書最大的讚賞與認可，說明他們正是憑藉相同原則而獲得成功。

巴比倫之所以是古時候最富有的城市，是因為當地居民都是那時候最富有的人。他們完全體會了金錢的價值，透過健全的理財原則來獲取金錢、留住財富，以及利用金錢衍生出更多財富，進而為自己提供了人人都渴望擁有的事情——未來源源不絕的收入。

第一章

窮人的發財夢

班瑟是巴比倫製造戰車的工匠師傅，他坐在自家的矮牆上，心情頗為沮喪。他憂愁地凝視著眼前簡陋的家，再望向一旁的露天工坊，那裡擺著一輛尚未完工的戰車。

妻子在門邊走來走去，眼神時不時看向他，這讓他想起家裡的米糧已近見底，也許他該繼續工作，趕緊為戰車敲打削鑿、拋光上色，還要綁緊輪圈的皮革，早點交貨，才能從金主手中拿到貨款。

但想歸想，他那肥胖壯碩的身軀依然不動如山地坐在矮牆上，遲鈍的大腦努力思考著一個想破頭都想不出答案的問題。幼發拉底河山谷中炙熱無情的陽光直射在他身上，斗大的汗珠從額頭流下，直接滑落在毛茸茸的胸膛上，他卻渾然不覺。

他家後方，就是由層層高牆包圍的皇宮，附近還有貝爾神廟高聳入雲金碧輝煌的塔樓。在湛藍天空之下，班瑟簡陋的家和周邊許多更破舊的房屋，正好籠罩在後方宏偉建築群所投下的陰影裡。當時的巴比倫是這樣的：在城牆之內，富麗堂皇與骯髒汙穢共存，家財萬貫與家徒四壁共生，貧窮大眾亂糟糟地擠在一起生活，護城牆內卻井然有序。

如果他回頭，就會看見身後是富人們的馬車呼嘯而過，路旁擠著穿草鞋的商人與赤足的乞丐。即便是富人也不得不站在水溝邊，讓道給由奴隸組成的運水隊伍。每個奴隸身上都背著沉重的羊皮水袋，正要前往空中花園去澆灌「國王的事業」。

但他滿腦子想的都是自己的問題，根本聽不見這繁忙城市裡的喧囂聲，直到熟悉的里拉琴聲傳來，才將他拉回了現實世界。他轉身看到了一張親切的笑臉，是他的好友樂師科比。

「願諸神慷慨賜福於你，我的好友。」科比行禮致意說道：「不過，看起來諸神好像已經賜福於你，使你不再需要工作了。我為你的幸運感到欣喜，更想與你一起分享這份幸福。你沒在工坊裡忙碌，想必錢包已經飽滿了，那麼懇求你借我兩枚舍客勒（譯註：古巴比倫的貨幣單位），今晚貴族的晚宴結束後就會還你，不用擔心我會拖欠。」

「如果我有兩個舍客勒，」班瑟神情低落地回應：「我也不會借給任何人，那怕是你，我最好的朋友。因為那是我的財產，我全部的財產。沒人會把全部家產借給別人，哪怕是最要好的朋友。」

「什麼？」科比滿臉詫異地驚呼：「你口袋裡連一個舍客勒都沒有的人，現在怎麼還能像個雕像一樣杵在牆上！為什麼不趕緊去完成戰車？不然你要用什麼來滿足你那旺盛的慾望？這不像你啊，我的朋友。你那充沛的精力哪兒去了？有什麼事情讓你煩心嗎？還是上天給你帶來了煩惱？」

「這肯定是諸神對我的考驗，」班瑟接著朋友的話說：「一開始是個夢，一個無意義的夢。在夢裡的我非常有錢。腰上掛著一個精緻的錢包，裡面裝滿了錢幣，我可以大方地將舍客勒施捨給乞丐，我還花了一些銀幣為我妻子買華麗的衣服，以及買下任何我想要的東西。袋子裡的金幣讓我覺得未來有保障，花再多銀幣也不怕。我內心有一種說不出的滿足感。我不再是你認識的那個拚命工作的朋友了，你看到我妻子可能也認不出來她，因為她的皺紋不見了，臉上洋溢著幸福。她又變回了我們剛結婚時那個臉上總掛著笑容的少女。」

「這真是個美夢啊，」科比說：「可是這麼好的事怎麼會把你變得像雕像一樣，杵在牆上悶悶不樂呢？」

「是啊，怎麼會這樣。因為醒來之後，發現錢包還是空空如也，內心浮現一股抗拒感，我真的不甘心。讓我們從過去說起吧。用水手的話來說，我倆現在在同一艘船上。小時候，我們一起跟隨祭司學習智慧；少年時，我們分享彼此的快樂；長大後，我們一直都是十分要好的朋友。我們滿足於眼前的生活，心甘情願長時間工作，然後盡情地把收入花掉。過去幾年來，我們也賺了不少錢，但如果說要享受財富帶來的快樂，那就是在做夢。呸！我們也沒比愚蠢的羔羊聰明多少。我們住在這世界上最富有的城市，來往的旅人都說沒有哪個地方的富裕程度能比得上這裡。這座城市遍地黃金，但身處其中的我們卻一無所有。辛苦工作了大半輩子，兄弟，你還拿著空空的錢包來跟我說：『懇求你借我兩個舍客勒，今晚貴族的晚宴結束後就會還你？』你要我怎麼回答？難道我要說：『這是我的錢包，很高興能跟你分享裡面的錢。』不，我只能坦承我跟你一樣，錢包裡什麼都沒有。問題出在哪裡？為什麼我們只能滿足基本的溫飽，卻賺不到更多錢呢？」

「還有，想想我們的兒子，」班瑟繼續說：「他們難道不會步上他們父親的後塵嗎？難道他和他的家人、子孫、世世代代，都要像我們一樣，住在這座遍地財富的城裡，卻只能喝酸羊奶和麥片粥，這樣溫飽度日就滿足了嗎？」

「班瑟，我們認識這麼多年，從來沒聽你說過這些話。」科比不解地說。

「我之前也從沒想過這些事。我每天從早到晚努力工作，一心只想打造出比別人更好的戰車，期盼眾神哪天能認同我的辛苦付出，賜予我大筆財富。但這個願望從未實現。現在，我終於意識到這種事情不可能發生。所以我很難過，我希望成為有錢人，想要擁有自己的土地和牲口、華麗的衣服，口袋裡永遠不缺錢的日子。我願意為了這個願望，投入一切技能和才智，我只希望付出能得到公平的回報。我再問你一次！問題到底出在哪裡？為什麼我們不能跟有錢人一樣，買得起我們應得的好東西呢？」

「但願我知道答案！」科比回答：「我並沒有比你滿意現狀。我彈琴的收入微薄，很快就花光，經常得精打細算才能確保家人不會餓肚子。而且，我一直想要有一把大的里拉琴，彈奏出我心中最美妙的音樂。有了這樣的樂器，我又何愁彈不出連國王都沒聽過的美妙音樂呢？」

「你值得擁有這樣一把好琴，整個巴比倫沒人能彈得比你更好了。如此動聽的樂聲，別說是國王，就連天神聽了都會高興。但我們跟國王的奴隸一樣窮，你要如何才能買得起呢？你聽那鈴聲，他們來了。」他指著那一長隊的挑水奴隸，個個赤裸著上半身、汗流浹背，扛著裝滿水的羊皮水袋讓人人彎腰駝背，拖著沉重的步伐，五人一排從河邊朝狹窄的街道前進。

「那個帶頭的人看起來身型不錯。」科比指著走在隊伍最前方，搖著鈴，身上沒有背水的人說：「很明顯，他在他們國家裡肯定也不是一般人。」

「扛水隊裡身型不錯的人還不少，」班瑟深表贊同地說：「這些人跟我們一樣好手好腳。有高大白皙的北方人，滿臉笑容的南方黑人，還有棕色皮膚、個子嬌小的鄰國人，可是他們日復一日、年復一年地在河邊與國王的空中花園之間來來回回。他們的未來沒有任何快樂可言。他們睡在稻草床上，吃的是粗糠的麥片稀粥。科比，他們跟可憐的牲口沒什麼不同啊！」

「我也很同情他們。不過，你剛說的話，讓我覺得我們也沒好到哪裡去，頂多比他們自由罷了。」

「科比，雖然不想承認，但你說得沒錯。而且我也不想一輩子過著奴隸般的生活，除了工作還是工作，完全看不到未來！」

「我們何不去學學別人是如何賺錢，然後照著做？」科比提出建議。

「如果去問問會賺錢的人，或許其中真有訣竅。」班瑟若有所思地回答。

「對了，就今天，」科比說：「我遇到了我們的老朋友阿卡德，他坐在他的金色馬車上。我必須說，當時的他並沒有像其他有錢人一樣瞧不起我，反而還跟我揮揮手，在別人看來，他就是在跟他的音樂家好友科比致意。」

「據說他是巴比倫最富有的人。」班瑟若有所思地說著。

「聽說有錢到連國王都召見他，問他有關財政的事。」科比回應。

「太有錢了！」班瑟插嘴說：「如果半夜在路上遇到他，我怕會把我的手伸進他那飽滿的錢包。」

「笨蛋，」科比教訓道：「一個人的財富不是只看錢包裡裝多少錢。如果沒有穩定的金錢來源，再飽滿的錢包也有花光的一天。阿卡德就是有穩定的金錢收入，所以無論他怎麼花錢，就是有辦法讓錢包永遠是滿的。」

「收入是關鍵，」班瑟脫口而出說：「我希望我不管是呆坐在牆上還是到遠方旅行，錢包都一直有進帳。阿卡德肯定知道要如何為自己創造這樣的收入。你想他有辦法教會我這種遲鈍的人嗎？」

「他肯定把知道的都傳授給他兒子諾瑪色了，」科比說：「聽旅店的人說，他去了尼尼微，不靠他父親幫忙，成了那裡的大富翁。」

「科比，你的話讓我有了新想法，」班瑟眼中閃過一絲光芒：「去跟好朋友請教又不用花錢，而且阿卡德一直都很願意跟人分享。更別提我們的錢包早像獵鷹的巢一樣什麼都不剩了。別想那麼多了。更何況我們都已厭倦了活在錢海之中卻還一無所有。我們都想變有錢。走吧，去問問阿卡德，到底要怎樣才能為自己創造更多收入。」

「班瑟，你也讓我茅塞頓開，讓我有了新的體悟。你讓我意識到我們為什麼累積不了財富的原因。我們從來就沒有這方面的追求。你一心只想努力打造巴比倫最堅固的戰車，你盡了一切努力，也算成功了。而我只想當個琴藝精湛的出色樂師，我也做到了。」

「我們在各自的領域中盡最大努力獲取成功，覺得諸神也樂意讓我們一直這樣下去。但是，現在終於出現一道曙光，指引著我們去學習如何獲得更多財富。希望藉由新的認識，我們可以找到滿足心中渴望的好方法。」

「今天就去找阿卡德吧，」班瑟催促道：「再叫上幾個日子也沒比我們好過多少的老朋友們，大家一起分享阿卡德的智慧吧。」

「班瑟，你總是這樣為人著想，難怪有這麼多朋友。照你說的，今天就叫上大家一起去吧。」

第二章

巴比倫首富的致富之道

在古巴比倫曾經住著一個非常有錢的人，名叫阿卡德。他富有的程度遠近馳名，同時也以對人慷慨和樂善好施著稱。他對家人非常大方，為自己花錢上也從不手軟。儘管如此，他每年所有的開銷支出都遠不及財富增加的速度。

有些年輕時認識的朋友就會來找他說：「阿卡德，你比我們都有錢，我們還在夾縫中求生存，你已經是巴比倫的首富了。你穿著最華麗的衣裳，吃著山珍海味，而我們只要能讓家人吃飽穿暖就心滿意足了。

「但我們曾經也過著一樣的生活，跟同一位老師學習，玩相同的遊戲，不管是學習或遊戲，你也沒特別厲害。後來幾年，你也跟我們一樣就是個普通人。至少在我們看來，你好像也沒特別努力或認真工作。為什麼無常的命運之神只獨厚你，將一切美好的事物都給了你，卻忘記我們了呢？」

阿卡德隨即反駁，說道：「從年輕到現在，如果你們所賺的錢就只夠生活餬口，說明莫不是你沒學會真正的生財之道，就是你沒好好鑽研方法。

「『無常的命運之神』是一位邪惡的女神，她不會讓一個人一直享有好運。相反的，她會戲弄那些想要不勞而獲的人，給予致命的打擊。她讓那些揮金如土的人很快就花光所有的財富，只留下慾壑難填的貪念。另一群她所眷顧之人則變成了吝嗇鬼、守財奴，害怕拿出一分一毫，因為深知自己沒有能力再創造更多收入，更擔心萬一哪天被洗劫一空，會陷入一無所有的生活。

「或許有些人得到一筆意外之財，然後在這基礎上持續累積財富，過上幸福快樂的生活。但這種人很少，我也只是聽說過而已。你們想想那些突然繼承到大筆遺產的人，是不是就像我說的這樣？」

他的朋友點點頭，承認事情真如阿卡德所說，他們確實聽過認識的人因為繼承遺產而致富，於是趕緊懇求阿卡德傳授生財之道。阿卡德接著說：

年輕的時候，我曾經環顧四周，發現美好的事物總能帶來快樂和滿足，而我意識到，財富才能增加這一切。

財富就是力量。有了錢，許多事情就都有可能。

可以為家裡添置各種上好的家具。

可以揚帆遠行。

可以用異地佳餚招待賓客。

可以向金匠和寶石工匠購買飾品。

甚至可以為諸神建造宏偉的神廟。

這所有的一切，還有其他許多能令感官愉悅、精神滿足的事情，都能因為財富而實現。

所以，在我意識到這一點之後，我就決定要擁有這世界上屬於我的美好事物。我不要當個只能站在一旁嫉妒別人幸福的旁觀者，也不要穿著粗布做成的衣服卻硬要裝出體面的樣子。我不甘心只當個窮人，我要讓自己成為人生盛筵上的嘉賓。

正如你們所知，我父親只是一個小生意人。我生長在大家庭中，想靠繼承致富更不可能。你們剛也說了，我沒有什麼與生俱來的過人能力或智慧，所以我下定決心，如果要得到想要的生活，時間和學習就是不可或缺的兩大要素。

時間，人人皆有，每個人都有足夠的時間讓自己致富。但你們在座的每一位，都讓時間白白流逝了。你們不得不承認，除了家庭關係可以拿出來說嘴之外，此外一無所有。

至於學習，我們充滿智慧的老師不是有教過，學習分為兩種：一種是直接讓我們學到和知道，另一種是訓練我們發現自己不懂的事情。

因此，我決定要找到如何累積財富的訣竅。找到之後，我要將這件事變成使命，努力做到最好。如果說人生在世不及時行樂，等到進入幽冥地府才感到悲痛，這是多麼不智啊！

我在市府文史館中找到一份抄寫員的差事，每天長時間刻寫泥板。一週又一週，一個月又一個月，我努力工作，但所得卻少得可憐。光是花在食物、衣服、獻給眾神供品和其他一些雜七雜八的開銷，就散盡了我所有收入。但我的決心一直沒有改變。

有一天，錢莊老闆阿爾加什到市府，訂製了第九律法的副本，他對我說：「我兩天之內必須拿到，如果你能按時完成，我會給你兩枚銅幣。」

於是我卯起來幹，但那部律法實在太長了，阿爾加什再來時，我還沒完工。他看到後就非常生氣，幸好我不是他的下人，不然肯定會被狠狠修理一頓。但我知道市長不會讓他傷害我，所以我也沒什麼好怕的，就告訴他：「阿爾加什，你是個非常有錢的人，你能不能告訴我要如何才能致富？如果你教我，我保證連夜趕工，在太陽升起前就完成工作。」

他笑著回答我：「你算是個長進的人，但我們來做個交易吧。」

於是我連夜趕工，搞得我腰痠背痛，燭芯的氣味讓我頭疼，眼睛都快看不清楚。但早上他再來時，泥板已經刻好了。

我告訴他：「現在你可以兌現承諾了。」

「孩子，你答應的事情已經做到了，」他很和藹地對我說：「現在輪到我。你想知道的我都會告訴你，我年紀越來越大，老年人都比較喜歡嘮叨兩句。每當年輕人向長者尋求經驗和智慧時，年輕人往往都會覺得長者的智慧和意見已經過時了，對現在的情況沒用幫助。但是，你要記住，今天照耀著你的陽光，跟當年你父親剛出生時是同一個太陽，而當你的孫子要離開人世的那一天，同一個太陽依然會掛在天上照耀大地。」

「年輕人的想法，」他繼續說：「就像一道明亮閃耀的流星劃過天際，但一閃即逝，而歲月的智慧就像亙古閃耀的恆星，始終不變地指引著水手航向正確的方向。

「你要好好記住我的話，如果你無法了解我真正要說的話，你昨晚的努力就算白費了。」

他看著我，粗亂眉毛下流露出精明的目光，以低聲而有力的聲音說道：「我的生財之道就是決定把一部分的所得存下來。你也可以這麼做。」

然後他一語不發，只用一種似乎能看穿我的眼神看著我。

「就這樣？」我問。

「這就足以把一個牧羊人變成錢莊老闆。」他回答。

「但我賺的錢本來就全部都在我這裡，不是嗎？」我追問。

「並不是，」他說：「難道你不用付錢給裁縫買衣服穿？不用付錢給鞋匠穿鞋子？不需要買食物？你能不花錢就在巴比倫過日子嗎？你知道你過去這幾個月所賺的錢都去哪了嗎？過去幾年賺的錢又去哪了？蠢材！你付錢給每一個人，但卻沒付給自己！你都是在幫別人工作，笨蛋！你就像個奴隸，每天為主人賣力，只得到他給你的吃穿。如果你固定把每筆收入的十分之一存下來，這十年你可以存下多少錢？」

我的算數能力應該還行，於是我回答：「大概是一年的收入。」

「你只說對一半，」他反駁道：「你所存下的每枚金幣都是會為你工作的奴隸，它所賺來的銅幣也要繼續為你帶來更多財富。如果你想致富，你所存下的錢就必須為你賺錢，要能做到錢生錢、再生錢，然後你就會有數不盡的財富，想要什麼有什麼。」

「你可能會覺得我騙了你，浪費了你一整晚的時間，」他繼續說：「但如果你夠聰明能領悟我說的話，你得到的將會是以千倍計的回報。

「一部分的收入要先存下來。不管你賺多少，至少要存下十分之一的所得，要存更多也行。先學會把錢付給自己。剩下的錢也要量入為出，不要花太多錢在衣服鞋子上，要留下足夠的錢來購買食物、布施行善和供奉諸神。

「財富就像一棵樹，從一顆小種子開始發芽。你所存下的第一枚銅幣就是你將來財富之樹的種子。你越早播下種子，這棵樹就越早長成；你越認真施肥澆水，就能越快享受到它的庇蔭。」

說完他就帶著泥板離開了。

今夜一定要完成抄寫！
錢莊老闆答應我，如果我連夜做好，
他就會告訴我致富的祕密——
孩子，你答應的事情如期做到了。
你要好好記住我的致富祕密，這是歲月的智慧啊！
我的致富祕密就是——
存下收入的十分之一。
就這麼簡單？
財富就像一棵樹，
從種子開始發芽。
你存下的第一枚銅幣，就是你將來財富之樹的種子。
你越早播下種子，
這棵樹就越早長成。

我反覆思考著他的話，聽起來似乎不無道理，我決定要試試。每次一領到錢，就先把十分之一的銅幣存起來。神奇的是，我並沒有因此覺得手頭很緊、錢不夠用，好像沒太大影響。隨著積蓄增加，我有時也會忍不住誘惑，每次看到小販擺出來的東西，還有駱駝隊和商船從腓尼基運來的精美商品就想購買，但最後都還是理智地忍住了。

過了一年後，阿爾加什又出現了，他對我說：「孩子，過去這一年，你是否至少存下了十分之一的收入？」

我很驕傲地告訴他：「是的，前輩，我做到了。」

「很好，」他微笑地看著我：「你怎麼處理那些錢？」

「我把錢交給磚匠阿茲莫，他說他經常出海，可以幫我從泰爾帶回腓尼基的上等寶石。他回來之後，再以高價賣出，利潤我倆平分。」

「就非得讓你吃虧才會成長，」他語帶怒氣地說：「在珠寶這種事情上，你怎麼會相信一個磚匠的判斷呢？你會去找麵包師傅詢問天文星象嗎？不會吧！我的天，如果你還有點腦子，你就會去問占星師。年輕人，你把積蓄花光了，就等同把財富樹連根拔起。重新再試一次吧。下一次如果你還要做珠寶生意，就去問珠寶商吧。如果你想了解羊，那就得找牧羊人。要得到建議不難，但你得分清哪些是值得吸取的經驗。如果從毫無理財經驗的人身上獲取建議，那必定會血本無歸，更是用你所有的積蓄來證明這項錯誤的行為。」說完，他又離開了。

結果一切正如他所說，狡猾的腓尼基人把看起來像寶石，實際上卻是毫無價值的玻璃塊賣給了阿茲莫。但我按照阿爾加什所說的，每個月重新存下十分之一的銅幣，養成習慣後，存錢這事也變得很容易。

一年之後，阿爾加什又到工作室來看我，他問我：「自從上次見面後，你有什麼進展？」

「我老老實實地存錢，」我回答：「把存下來的錢交給做盾牌的亞格爾去購買青銅，然後他每四個月會付我一次利息。」

「這聽起來不錯。那你怎麼處理利息？」

「我會舉辦宴會，買些蜂蜜、好酒，還有好吃的糕點。我還給自己買了一件酒紅色的袍子，改天還要買頭小毛驢來騎騎。」

阿爾加什哼了一聲：「你把賺來的錢子錢孫都吃光了，那要怎麼用這些錢子錢孫來幫你賺錢？還怎麼用賺來的錢再生錢呢？你要有足夠的財源，才能無後顧之憂地享用大餐。」說完他又離開了。

接下來的兩年裡，我再也沒見過他。當他再一次出現時，眼角下垂，臉上滿是皺紋，看起來十分蒼老。然後他對我說：「阿卡德，你得到你夢想的財富了嗎？」

我告訴他：「還沒有，但我已經有不少存款，也靠著存款賺了很多錢，而且會越賺越多。」

「那你還會去請教磚匠嗎？」

「磚匠只能告訴我做磚的方式。」我老老實實地回答。

「阿卡德，」他繼續說：「你學到了該學的東西了。首先，你知道要如何用更少的錢來過生活。接著，你懂得找內行人尋求建議。最後，你學會讓錢為你工作，幫你賺錢。」

「你學會如何賺錢、存錢和用錢了。所以，你現在有資格扛起責任了。我年紀大了，幾個兒子都只會揮霍，卻不懂得賺錢。我家大業大，實在沒太多精力顧及。如果你願意去尼普爾幫我打理那裡的產業，我會讓你成為合夥人，讓你分享我的財產。」

於是我去了尼普爾，幫他打理龐大的產業。又因為我充滿企圖心，並且熟知管理財富的三大法則，因此讓他的財產迅速增加，我在這過程中也得到不少。阿爾加什去世後，我合法繼承了他一部分的遺產。

阿卡德說完後，其中一名友人開口說：「你真幸運，阿爾加什有把遺產留給你。」

「我在遇到他之前就已經充滿對財富的渴望，這才是幸運。在那四年裡，我難道不是用存下十分之一的收入來證明我想變有錢的決心嗎？如果一名漁夫用了多年的時間研究魚群的習慣，懂得依照風向撒網，看到他滿載而歸時，你會說他很幸運嗎？機會是一位驕傲的女神，她不會浪費時間在毫無準備的人身上。」

「失去第一年的所有積蓄後，你靠著強大的意志力堅持下去，這才是你最不同的地方。」另一個友人說。

「意志力？瞎扯！你覺得意志力能讓一個人扛起連駱駝都背不動的貨物嗎？還是意志力能讓一個人拉得動連牛都拉不動的東西？意志力只不過是你完成目標的決心罷了。一旦我設定目標，無論有多麼微不足道，我都會努力完成，否則我又怎麼有信心去完成更重要的事情？我告訴自己：『在接下來的一百天，每當我過橋進城時，我要在路上撿顆小石頭丟入溪中。』如果第七天我忘了丟石頭，我絕不會告訴自己：『我明天一次丟兩顆就好。』我會走回去，然後把今天該丟的石頭丟下去。我也不會在第十二天時告訴自己：『阿卡德，這麼做沒用。你每天丟一小顆石頭又能如何？直接抓一把丟下去不就好了嗎？』我不會這麼說，也不會這麼做。只要設定目標，我就會盡力完成。所以，我會避免給自己設定困難和不切實際的目標，因為我不喜歡白忙一場。」阿卡德反駁說。

接著另一個友人說：「如果你說的都是真的，聽起來也好像很有道理、也很簡單，但如果每個人都這麼做，這世上的財富哪能分給這麼多人？」

「只要人們發揮能力，財富就會增長，」阿卡德回答：「如果有個富人為自己蓋一棟豪宅，他付出去的金子就會不見了嗎？不會。因為磚匠、工匠、裝修師傅都會有所得，每個參與修建的人都會賺到錢。豪宅落成後，價值會不如成本嗎？那塊地會因為蓋了豪宅而貶值嗎？附近的土地價值會因此下降嗎？財富的增長是一件神奇的事，因為沒人能預測增長的極限。腓尼基人不就是利用從海上賺來的錢，才在荒涼貧瘠的海邊建造出一座座偉大的城市嗎？」

「那我們要怎樣才能變得富有呢？」另一個友人問：「這麼多年過去，我們也不再年輕，手邊更沒多少錢。」

「我建議你好好體會阿爾加什的智慧，每天早上起床第一件事情就是告訴自己：『我要把一部分的收入存下來。』早上說一遍，中午說一遍，晚上再一遍，時時刻刻都要提醒自己，說到讓這句話就像天空中的煙火一樣奪目耀眼。

「牢記這想法，讓這個想法充滿在自己腦海裡，擷取有用的智慧。至少存下十分之一的收入，必要的話也可以調整其他支出來完成。先把這部分留下，很快你就會感受到靠自己擁有一筆財富是什麼感覺，而當財富隨著時間增加，你也會受到激勵，美好的新生活會讓你感到振奮，進而更努力去賺更多錢。隨著收入不斷增加，你所存下來的不也就越多嗎？

「然後學習讓財富為你工作，讓金錢成為你的奴隸，用錢子錢孫不斷地創造收入。

「要確保未來有收入。看看那些老人，不要忘了，有一天你也會變老，所以要謹慎投資，才能避免損失。高報酬就像海洋裡迷惑水手的海妖，她們用歌聲誘惑容易上當的人們，導致他們撞上海裡的礁石、悔恨不已。

「要為家人留下保障。萬一哪天你蒙神寵召去了天國，如果你平常就有定期做小額儲蓄，這就不失為一種保障方式。一個有遠見的人如果想為家人留下一大筆財富，肯定會毫不猶豫、迅速採取行動。

「多向智者請教，向每天都在跟錢打交道的專家請教。你可以避免走錯路，不會像我當年一樣把錢交給磚匠阿茲莫去買寶石。小額但安全的回報會比高風險報酬來得穩妥。

「趁活著好好享受生活，不要過度勞累或試圖存太多錢。如果你可以舒舒服服地存下十分之一，存這樣就行。根據你的收入好好生活，不要變成害怕花錢的小氣鬼。生活是美好的，生命是富有的，許多事物都值得你去好好享受。」

謝過他之後，朋友們離開了。有些人始終保持沉默、一語不發，因為他們無法想像這種未來，更別說理解了。有些人則心懷嘲諷，認為阿卡德這種有錢人就該把錢拿出來跟窮苦朋友一同分享。但有些人的眼中流露出光芒，他們意識到，每次阿爾加什出現在抄寫室時，是因為他看到了阿卡德努力從黑暗走向光明。如果一個人看到光之所在，前方必有光明之地在等著他。那個地方不會被別人占據，直到他自己真正理解，準備好迎接這個光明的機會。

在接下來的幾年，就是最後這些人會一直再回去拜訪阿卡德，向他請教生財之道，而阿卡德也樂於將經驗毫不保留地分享給他們，幫助朋友用積蓄進行投資，大家都獲得不錯且安全的收益，沒有蒙受損失，或是因為投資不當而慘遭套牢。

當他們領悟到由阿爾加什傳給阿卡德，再由阿卡德傳給他們的真理時，這些人也迎來了人生的轉捩點。

存下你的部分收入。

第三章

增加財富的七種方法

巴比倫的繁榮光輝歷久不衰。從古至今，它一直被人們視為是世界上最富有的城市，其中的巨大財富更是令人難以想像。

但這座城市的財富並非從天而降。巴比倫的財富是來自人民的智慧，人人的首要大事就是學習如何致富。

打敗敵軍埃蘭人之後，偉大的國王薩爾貢回到巴比倫，面臨了棘手的問題。大臣向國王解釋說：

「這幾年，因為您修築運河灌溉農田，建造神廟供奉諸神，國家繁榮也為人民帶來了好日子。可是隨著工事結束，人們似乎也失去收入、難以維生。

「工人們失去了工作，商販也等不到客人上門，莊稼更是無處銷售，人們沒有足夠的錢購買食物。」

「這些年來為了大規模發展所花的金子都到哪去了？」國王質問。

「恐怕都有特定的去處，」大臣回答：「多進了巴比倫少數幾個富人的口袋裡。那些財富經過人民之手，很快地又從他們的大部分指縫間流走，就像羊奶過了濾網，轉瞬即逝。而這道黃金之流現在已不再流動，表示多數人民也沒有收入了。」

國王沉思片刻，接著問：「為什麼這些少數人能得到全部的黃金呢？」

「因為他們知道方法，」大臣回答：「一個人不該因為他懂得生財之道而受到譴責，也不該假借公平之名，奪走一個人以正當手法獲得的財富，拿去分給賺不到錢的人。」

「但是，」國王又問：「為什麼不乾脆讓所有人都學習致富之道，大家一起變成有錢人呢？」

「這也不是不行，陛下。但誰能教大家呢？肯定不是那些祭司，因為他們根本不懂如何賺錢。」

「大臣，在巴比倫中誰最懂得賺錢之道？」國王問。

「陛下，這問題就是答案了。在巴比倫，誰擁有最多的財富？」

「說得好，能幹的大臣。就是阿卡德，他是巴比倫最富有的人。明天帶他來見我。」

隔天，阿卡德遵照旨意前來皇宮。儘管他已年過七十，看起來依然腰背挺直、精神抖擻。

「阿卡德，」國王說：「人們都說你是巴比倫的首富，真是如此嗎？」

「陛下，正如大家所說，應該沒人會有異議。」

「你是如何變這麼富有的？」

「我只是利用了在這座城市裡每個人都能擁有的好機會。」

「你是白手起家嗎？」

「我擁有的只是對財富的巨大慾望。除此之外，我一無所有。」

「阿卡德，」國王繼續說：「巴比倫正處於一個極不樂觀的局面，只有少數人知道如何獲取財富，而所有的財富就被少數人壟斷了，大多數人民都缺乏這些知識，不知道該如何留住錢。

「我希望巴比倫變成世界上最富有的城市。所以，這城市裡必須有很多有錢人。我們必須讓所有人民都知道如何致富。阿卡德，告訴我，有沒有任何致富的祕訣？可以傳授給眾人嗎？」

「陛下，這是可行的。一個人當然可以把他自己知道的知識教給其他人。」

國王的眼睛為之一亮。「阿卡德，你說的正是我想聽到的話。你願意投身這項偉大的任務嗎？你願意把知識傳授給這些老師，再讓老師去教會其他人，讓我境內的每個人民都知道致富祕訣嗎？」

阿卡德鞠躬說：「全憑陛下吩咐。我很樂意將我所會的一切知識都傳授給您的臣民，讓我的同胞過著更富裕的生活，也是為了陛下的無上榮耀。請授命大臣安排一個百人的班級，我會將我致富的七招教給他們，使巴比倫所有人不再為金錢所苦。」

兩週後，按照國王的命令，被選中的一百人聚集在講學堂的大廳裡，圍坐成半圈。阿卡德則坐在一旁的小凳，上面燃著一盞神聖的燈，散發出一股奇特但令人身心舒暢的香味。

「巴比倫的首富看起來跟我們普通人也差不多啊。」阿卡德起身時，一個學生推著鄰座的友人低聲說。

「作為偉大陛下的子民，我奉他的旨意來到這裡。」阿卡德開始說：

因為我也曾經是一個很窮困卻渴望錢財的年輕人，更因為後來我找到了致富之道，陛下命我將這些知識傳授給各位。

我出身卑微，跟在座各位以及巴比倫所有人民一樣，我並沒有任何優勢。

一開始，我第一個庫房，就是一個破舊的錢包，我把所有錢都放在裡面。我討厭那裡面空空的感覺，我希望裡面能塞滿錢幣，能聽到金幣叮噹作響的碰撞聲。為了填滿這乾癟的錢包，我想盡各種辦法，最後得到七個辦法。

各位聚集在此，我將為你們詳細解說讓錢包飽滿的七個辦法，讓所有渴望得到財富的人都能如願以償。在接下來的七天裡，每天我會為各位講解一種辦法。

請專心聽我告訴你們的知識，也歡迎你們跟我辯論，並與周圍的同學們討論。如果你們能徹底理解，代表你們已經為自己的錢包種下財富的種子。首先，每個人都要懂得開始明智地為自己創造財富，唯有當你們精於此道，才能將方法繼續傳授給其他人。

我會用簡單的方式教你們如何填滿錢包。這是通往財富殿堂的第一步。如果第一步沒有踏穩，任誰都登不上這座殿堂。

現在就讓我們來看看第一招。

第1招 存下十分之一的收入

阿卡德對著第二排一位沉思的學生說：「朋友，你是做什麼職業的？」

「我嗎？」該名男子回答：「我是抄寫員，負責將紀錄刻在泥版上。」

「我也是靠著同樣的工作賺到第一枚銅幣。所以，你也同樣有機會創造出大筆財富。」

他繼續往後走，對著一名臉色紅潤的男人說：「請問你的工作是什麼？」

「我嗎？」這個男人回答：「我是一個肉販，專門跟農夫買他們養大的羊隻，宰殺後，把羊肉賣給家庭主婦，把羊皮賣給鞋匠。」

「你有工作、有收入，在成功這條路上，你跟我有相同的條件。」

阿卡德以相同的方式問了每個人的工作。問完之後，他說：

「現在，同學們，你們都看到了，賺錢的方式有很多種，無論是透過經商和勞力。每一種賺錢方式都是一個管道，將每個工作者的勞力轉換成金子，流入他的錢包。因此，流入錢包的金子有多少是取決於個人的能力，對嗎？」

眾人紛紛表示同意。

接著，阿卡德轉向一個看起來很低調的蛋商：「如果你每天早上往籃子裡放十顆雞蛋，晚上拿出九個，最後會發生什麼事？」

「早晚會滿出來。」

「為什麼？」

「因為裡面每天都會多一顆雞蛋。」

阿卡德微笑著看著所有人：「在座各位有誰的錢包是乾扁的？」

眾人剛開始覺得很有趣，接著都放聲大笑，然後揮舞著空空的錢包。

「好啦，」他接著說：

現在我要告訴各位，增加錢包重量的第一個妙招，就是按照我剛剛對賣蛋這位先生所說的去做。如果你放進十枚硬幣，最多就只能用九枚。你的錢包會慢慢鼓起，增加的重量會讓你感覺良好，並且讓內心得到滿足。

不要因為聽起來很簡單就不當一回事。真理永遠是簡單的。我說過會告訴你們我是如何創造財富的，這就是第一步。我的錢包也曾經空空如也，我還每天咒罵著這個破錢包，因為裡面什麼都沒有，我想要什麼都不能買。但自從我開始留下十分之一的收入後，錢包就開始有重量。如果我做得到，你們也可以。

現在，我要告訴你們一個弔詭的事實，但真正的原因我也不清楚。就是自從我強迫存下十分之一的收入後，能花的錢雖然變少了，但我的日常生活並沒有受到影響，也沒有過得比之前更差。還有，不久後，錢幣似乎比之前更容易流進我的錢包了。眾神肯定制定了一條法則，讓能存下部分收入的人更容易得到錢財，而那些永遠空空的錢包，其他的錢也會躲得遠遠的。

你們最想得到什麼？是擁有珠寶首飾和錦衣玉食，讓每天的慾望都能得到滿足？這些東西來得快、去得也快。還是想要一些實際的資產，如金子、土地、牲口、生意和能帶來回報的投資？你從錢包掏出的錢可以讓你買到前者，但你留在錢包裡的錢會為你帶來後者。

同學們，這就是我為錢包增加重量的第一個方法：「每放十枚錢幣進去，我只花九枚。」你們可以互相討論。如果有人覺得不對，明天見面時再告訴我。

第2招　編列預算控制支出

「同學們，你們當中有人問我：『如果一個人的收入都不夠支付必要的生活開銷，那又怎麼有辦法存下十分之一呢？』」阿卡德第二天對學生說。

「你們昨天有多少人錢包是乾扁的?」

「我們都是。」全班回答。

「但你們的收入都不一樣,有些人賺得比別人多,有些人家裡還多了好幾張嘴要養,但你們的共同點是錢包都是乾扁的。現在,我要告訴你們另一個很多人想不到的事實,就是:

如果不刻意控制慾望,你的「必要開銷」是會隨著收入而增加。不要把必要開銷跟慾望混為一談。你們的慾望還有家人的慾望,有很多都是你們收入無法滿足的。所以,如果你把收入用在滿足慾望,賺再多錢都不夠,因為慾望永遠無法得到滿足。

每個人都有自己無法滿足的慾望。如果你覺得我所擁有的財富能讓我得到我想要的一切,那你就大錯特錯了。我的時間有限、精力有限,能去的地方有限、能吃的有限,甚至餘生能享受到的樂趣也有限。

我說這些是要告訴你們，慾望就像田中的雜草，總會在農夫留下的空間恣意生長。同樣地，慾望也一樣會在人們的心中蔓延，只要慾望得到滿足，就會在心裡無限生長。慾望會越來越多，但你能滿足的始終有限。

仔細審視你的生活習慣，通常都能找出可以減少或完全避免的開銷。把這當成座右銘吧！要讓每一分錢都花在刀口上，讓每一筆支出都能充分發揮價值。

所以，請記下你想花的每一筆開銷，然後在十分之九的收入基礎上，把必要的留下，把可有可無的劃掉，當作是不可滿足的慾望，也不要因此而後悔。

為必要開銷做出預算，不要動用讓你錢包增加重量的那十分之一財產，讓這件事變成你想滿足的強烈慾望。做好預算並適時調整，讓預算保護你日益增加的錢包。

此時，有位穿著金紅相間長袍的學生站起來說：「我是一個愛好自由的人，享受當下生命中美好的事物是我的權利，我堅決反對任何限制我花費的行為，這樣會剝奪了我生活的樂趣，讓我覺得自己也沒比那背貨的驢子好到哪去。」

阿卡德回答：「朋友，預算是誰決定的？」

「我自己決定。」該名有意見的男子回答。

「照你所說，你覺得那頭驢子在為承重做規劃時，牠會把金銀財寶和地毯列入考慮嗎？牠不會。牠只會考慮在穿越沙漠時所需要的糧草和水。

「做預算的目的是為了讓你的錢包可以增加重量，幫助你得到滿足生活的必需品和其他一些可以合理滿足的慾望，讓你分辨出哪些才是值得珍視的慾望，哪些又只是臨時起意的想法。預算就像黑暗洞穴裡的明燈，讓你看到錢包的漏財之處。透過明確而有效的方式控制支出，就能幫助你減少不必要的損失。

「這就是我為錢包增加重量的第二個方法：製作開銷預算，在花費不超過十分之九的前提下，用這些錢支付日常開銷、享受生活，以及滿足有價值的慾望。」

第3招 讓財富加倍

阿卡德第三天對學生們說：

當你的錢包越來越重，也開始習慣存下十分之一的收入，懂得透過控制開銷來保護日漸增加的財產。接下來，你要思考如何讓錢為你工作，並且能持續增加。把錢放在錢包裡或許可以帶來滿足感，但卻生不出更多的錢。把錢存下來只是第一步，要讓金錢為我們帶來財富才是努力的方向。

那要如何讓錢來為我們工作呢？我的第一筆投資是失敗的，還賠光了所有積蓄，這件事我之後再說。我第一筆獲利的投資是把錢借給亞格爾，他是一個做盾牌的工匠，每年都需要大量購買從海外運來的青銅做生意，但因為缺乏資金支付貨款，因此他就會向手中有餘錢的人借錢。他也是個有誠信的人，有借有還，賣掉盾牌之後，會連本帶利地還錢。

每次我借錢給他，最後都能收到額外的利息。所以除了我的本金增加之外，連資本所賺到的利息也跟著提高。最讓人高興的莫過於，最後所有都會回到我的錢包裡。

同學們，我想告訴你們，一個人的財富不在於他錢包裡裝有多少錢，而是他所創造的更多收入，能讓錢包持續進帳的金流才是重點，這才是你、我和眾人夢寐以求的事情。不管你是在工作或旅行，都能持續獲得收入，這才是重點。

我得到了不錯的收入，好到足以被稱為是有錢人。我借給亞格爾的錢是我第一次投資獲利，有了這次經驗，隨著資金增加，我擴大了借款和投資的範圍，利潤的來源也由少變多，財富就像河流一樣源源不絕地湧入我的錢包。

一開始，我利用微薄的收入創造了一批又一批的金錢奴隸，讓每一筆錢都為我帶來更多的錢。就這樣錢滾錢、利生利，這一連串的效益就十分可觀。

只要有合理收益，財富就能迅速增加。讓我再來給你們講個例子。有個農夫在大兒子出生時，把十枚銀幣交給錢莊老闆，約定在兒子滿二十歲之前，每四年都能拿到本金四分之一的利息。但因為這筆錢是要留給兒子的，因此他要求把利息再加入本金中，並把錢繼續放在錢莊老闆那裡。

當他的兒子滿二十歲時，農夫向錢莊老闆詢問存款情形，錢莊老闆表示，這些年因為複利關係，金額已經從原本的十枚銀幣變成三十枚半了。

農夫非常高興，也因為兒子還不需要用到這筆錢，他就繼續把錢借給錢莊老闆。當他兒子五十歲時，農夫已經去世，錢莊老闆把這筆錢結算歸還，金額是一百六十七枚銀幣。

五十年裡，這筆投資增值了將近十七倍。

這就是我為錢包增加重量的第三個方法：讓每一塊錢都為你工作，讓它像大自然裡的動物不斷繁衍，創造收入，這樣就會有源源不絕的財富流入你的錢包。

第4招　慎選投資確保安全

第四天，阿卡德對學生說：

樹大招風，財不可露白。你必須要看好錢包，否則就有可能丟失財產。因此，先顧好小錢才是明智之舉，之後眾神才有可能賜給你更多的財富。

每個手中擁有財富的人，都有可能被看似能賺大錢的機會所誘惑。而這些機會常是由親朋好友提供，慫恿你跟著加入的。

投資的首要原則就是確保本金安全。在可能損失本金的前提下，追求高獲利是明智之舉嗎？我不這麼認為。冒險所要付出的代價就是損失。投入資金之前要先審慎研究，確保投資可以安全回收。不要被一夕致富的美好幻想所誤導。

在你把錢借給任何人之前，要確保對方的償還能力及信譽風評，這樣才能避免在不知不覺中就把你辛苦賺來的錢白白送人。

在做任何投資之前，要先了解所需承擔的風險。

我的第一次投資結果，在當時看來就是場大災難。我把辛辛苦苦存了一年的錢交給磚匠阿茲莫，當時他經常出海，答應幫我從泰爾帶回腓尼基的上等寶石，等他把東西帶回來，我們再以高價賣出，平分利潤。但那些腓尼基人很壞心，拿玻璃塊賣給阿茲莫，我的錢就這麼沒了。但如果是現在，經驗就會告訴我，把錢交給磚匠去買珠寶是非常愚蠢的事情。

因此，我想用親身經歷告訴各位：不要過於相信自己的投資判斷，那有可能是陷阱，最好要請教在相關領域的投資獲利者。你可以無償地獲得他們的建議，而你卻可以不用走錯路，就得到想要的利潤。事實上，這些忠告真正的價值是讓你免於損失。

這就是我為錢包增加重量的第四個方法，而且對已經鼓起的錢包免於損失有很大的作用。如果要保護財產免於損失，則投資前需要確保資金安全，確定可以得到預期回報或合理利潤。向有經驗的人請教，諮詢在相關領域投資獲利的行家，用他們的智慧保護你的財產，避免做出錯誤投資。

第5招　用租金買下自住房

阿卡德第五天對學生說：

如果一個人可以用十分之九的收入兼顧基本生活所需且享受生活，在生活品質不受影響的前提下，還能把其中一部分再轉為可獲利的投資，那麼他的財產就會加速成長。

有太多的巴比倫人是在狹小不堪的地方養家活口，他們支付高額房租給房東，妻子卻連種花種草、讓心情愉悅放鬆的地方也沒有，孩子也沒地方玩耍，只能在骯髒的巷弄裡嬉戲。

孩子有乾淨的玩耍空間，妻子有地方能種花、種植各種可食用的植物，這才稱得上有生活品質。

對一個人來說，能吃到自家樹上結成的無花果，能嚐到自家葡萄藤下的葡萄，這會帶來心靈上的愉悅。擁有屬於自己的住所，一處讓自己引以為豪的地方，會讓一個人的內心充滿自信，並且在辛苦之餘，願意付出更多努力。因此，我強烈建議每個人都應該有一間屬於自己的房屋，為自己和家人遮風避雨。

任何一個有上進心的人，買下自己的房子並不是能力做不到的事情。我們賢明的國王不也一直在擴大巴比倫的邊界嗎？現在不是有許多未開發的土地都可以用合理的價格買到嗎？

同學們，我還想告訴各位，錢莊老闆肯定很樂見放款給你們去為家人買地建房。如果你能提出合理的購屋計畫，就可以從錢莊老闆那兒借到錢，支付建築工人和砌磚師傅的費用。

等房子蓋好後，你把原本付給房東的房租拿來還給錢莊老闆。你所還的每一筆錢都能減少身上的債務，幾年後就能還清。

接著你會很高興，因為你終於擁有屬於自己的有價財產了，以後只要向國王繳稅就行。

你的妻子也會更常到河邊洗滌你的長袍，因為每次還能順便裝滿羊皮袋的水，帶回家澆花種菜。

一個擁有自己房屋的人會得到更多的喜樂，也會大大減少生活開支，能把更多的收入用在享受生活和滿足慾望。這就是我為錢包增加重量的第五個方法：擁有自己的房子。

第6招 確保未來被動收入

阿卡德第六天對學生說：

每個人的生命都是從童年走向老年，這是生命的必經之路，無一例外，直到眾神寵召那天的到來。因此我要說的是，當你不再年輕，甚至無法陪伴家人時，你必須提前在老年到來前做好準備，也為家人做好保障。今天這堂課我要告訴各位，在你未來沒有能力賺錢時，要如何得到金錢保障。

因為熟悉財富法則而擁有更多收益的人，更應該替未來做打算。要有先見之明，替未來制定長期的穩健投資。

替未來提供安全保障的方式有很多種。他可以找個地方把錢藏起來，但不管怎麼藏，都有可能被偷走，所以我不推薦這麼做。

你可以選擇買房或買土地。如果能根據未來的實用性和價值做出明智選擇，那麼這件財產就可以永久保值，房地產可以拿來收租，或是哪怕有一天要賣掉，都可以變現，對保障未來收入都是有效的作法。

有人會選擇把錢放在錢莊老闆那裡，並且定期增加本金，如果再加上利息，你的財富增長速度會大大增加。我認識一個叫做安山的鞋匠，不久前他告訴我，過去八年來，每週都在錢莊老闆那裡存入兩枚銀幣。最近錢莊老闆告訴他這筆存款的現值後，他聽了非常高興。這些年來，他的小額存款加上每四年有本金四分之一的利息，現在他放在錢莊老闆那裡的財產達到了一千零四十枚銀幣了。

我進一步算給他看，鼓勵他繼續堅持每週存兩枚銀幣，再過十二年，相當於他在錢莊就有四千枚銀幣，足夠他後半生使用。

無論一個人生意做得再好、投資再厲害，如果知道這種小額存款能帶來巨大獲利，誰又不會想為老年、為家人做打算呢？

在這件事情上我想多說幾句。我一直認為，夠聰明的人有一天會想出一套辦法，讓死者的家屬都不用再為生計煩惱，也就是讓大家定期拿出一筆小錢，在時間效應下，多年後小錢也會變大錢，只要有人過世，他的家屬就能得到一筆可觀的財產。我認為這是非常值得推薦的作法，但目前要實現不太可能。因為要實現這件事情的制度，必須超過人類生命的期限及任何合作關係，而且也必須穩如國王的王位。但我相信這件事情總有實現的一天，成為所有人的生活保障。在時間的影響下，今天的小錢總有一天也能為逝者的家庭帶來一筆可觀的收入。

但因為我們是生活在當下而不是活在未來，我們必須利用現有的手段和方式來達成目的。因此，我建議各位，大家都應該仔細思考如何不讓未來的錢包重量減輕。畢竟如果錢包毫無分文，一個人無法再賺錢，或家庭失去經濟支柱，都是場悲劇。

這就是我為錢包增加重量的第六個方法：提前為老年生活和家庭

——保障做好準備。

第7招　提高賺錢能力

阿卡德第七天對學生說：

今天，我們要來談談增加錢包重量最重要的辦法。但這一次，我要說的重點不是金錢，而是你們本身，也就是在座穿著不同衣服的各位。我想談談在各位的思想和生活中，會帶來成功或導致失敗的事情。

不久前，有個年輕人來找我借錢。我問他為什麼要借錢度日，他說他的收入不足以支付開銷。於是我告訴他，在這種情況下，他絕對不是錢莊老闆眼中的優良客戶，因為他不具有償還債務的能力。

我告訴他：「年輕人，你要做的是去賺更多的錢。你有什麼提高收入的能力嗎？」

「我沒有其他方法了，」他回答說：「兩個月裡，我已經去找老闆要求提高工錢六次了，但每次都無功而返。大概沒人能像我這樣吧。」

大家或許會笑他頭腦簡單，但他卻具備了增加收入最重要的條件——強烈想要賺更多的錢。這是一種正當且值得讚許的願望。

想要有所成就必須先有慾望，而且這慾望要夠強烈、夠堅定。普通的慾望只不過是薄弱的想要。一個人想要致富，只不過是一個小目標：如果想要五枚金幣，就是一個明確的慾望了，他會想辦法讓願望實現。下一步，他可以利用同樣的辦法去得到十枚金幣，然後是二十枚金幣，甚至是一千枚金幣，最後就會變成有錢人了。在一個人學習落實明確的小目標的過程中，他也會學到如何去實現更大的願望。這就是累積財富的過程：從小額開始，接著再做大一點，然後就有能力去獲取更多的財富。

慾望必須是單純而明確。當想要的太多、太複雜，或超過一個人的能力時，就會被自己的目的所擊倒。

如果一個人懂得提高職業技能，他賺錢的能力也會增加。當我還是一個卑微的抄寫員時，那段日子我每天努力刻著字卻只能賺幾枚銅幣，後來我注意到別人做得比我多、賺得也比我多時，我就下定決心要超越他們、不落人後。沒多久我就發現他們成功的原因：他們對眼前的工作比我更有興趣、更加專注、更能堅持。但在那之後，我精益求精，最後一天沒有幾個人刻的泥板數量能比我多。隨著技巧的熟練，一切努力都有了回報，我也不必再天天找老闆求認同加薪了。

隨著智慧的增長，我們所能賺到的錢也越多。在技藝上精益求精的人，必會得到豐厚回報。如果他是一名工匠，可以與這行業裡的佼佼者切磋，學習別人使用的技法以及使用更有效的工具。如果是從事法務或醫療工作，他可以向同業請益，互相交流專業知識。如果他是一名商人，他可以不斷尋找價格更低、品質更好的商品。

因為這個世界一直改變、不斷進步，懂得思考的人會一直提升自己的技能，以便能為客戶或雇主提供更好的服務。因此，我鼓勵各位要力爭上游，不要停滯不前，以免落伍。

許多事情都能讓一個人的生活變得豐富且多彩，還伴隨著可貴的經驗。一個尊重自己的人必須從以下事情做起：

他應竭盡全力償還債務，不要購買超出能力範圍的東西。

他要把家庭照顧好，讓家人想到他或提起他時都是讚美。

他須預立遺囑，萬一蒙神寵召，他的遺產能得到妥善且公平的分配。

他對不幸之人要有同情心，並適度提供幫助。而善待關愛自己的人。

這就是我為錢包增加重量的第七個、也是最後一個方法：培養自身能力、透過學習提升智慧，磨練技能，並且尊重自己。要有信心去守護內心的渴望。

以上七招是我為錢包增加重量的七個辦法，也是我這麼多年來的成功經驗，我願意跟所有渴望致富的人分享。

同學們，巴比倫的財富還有很多，遠超過你們的想像，足以讓所有人都能致富。

邁開腳步去實踐這些真理，然後你就會成功、變成富翁。這就是你應得的。

邁開腳步去傳授這些真理，讓國王的每個子民都能自由地享受這座城市裡的偉大財富吧。

我年輕時跟你們一樣，
窮困卻渴望財富，
後來我找到了致富之道，
國王命我將獨門祕招傳授給各位。
我的第一招是——
每賺十塊錢，我只花九塊，至少要存下所得的十分之一。
我賺的錢都不夠拿來花了，怎麼存下十分之一？
我愛好自由，享受生命，
限制花費會剝奪我生活的樂趣！
沒比那背貨的驢子好到哪去！
驢子在爲承重做規劃時，
牠會把金銀財寶和地毯列入考慮嗎？
牠只考慮糧草和水
你們要分辨出，
哪些才是值得珍視的慾望。
在花費不超過收入的十分之九的前提下，
編列預算，用這些錢支付日常開銷、享受生活，滿足有價值的慾望。
這是致富的第二招。

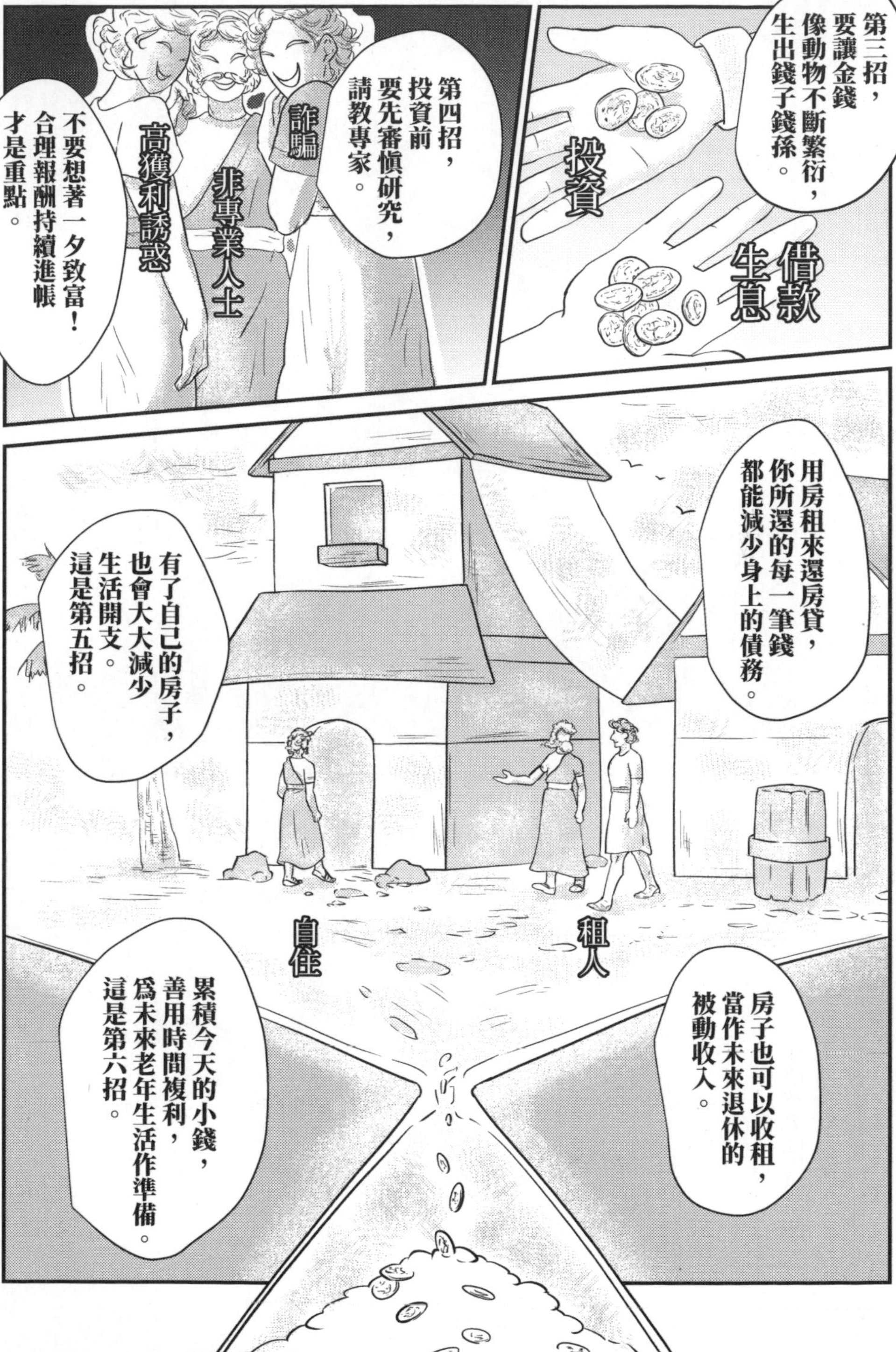
第三招，要讓金錢像動物不斷繁衍，生出錢子錢孫。
借款生息
投資
第四招，投資前要先審慎研究，請教專家。
詐騙
非專業人士
高獲利誘惑
不要想著一夕致富！合理報酬持續進帳才是重點。
用房租來還房貸，你所還的每一筆錢都能減少身上的債務。
有了自己的房子，也會大大減少生活開支。這是第五招。
租人
自住
房子也可以收租，當作未來退休的被動收入。
累積今天的小錢，善用時間複利，爲未來老年生活作準備。這是第六招。

有位年輕人說：「我背負龐大的債務，別說存錢了，我要借錢才能度日！」
我問他：「年輕人，你要做的是去賺更多的錢。你有什麼提高收入的能力嗎？」
年輕人回道：「我沒有其他方法了，我找老闆提高薪水，他都不願意。」
大家或許會笑他頭腦簡單，但他卻具備了增加收入最重要的條件——強烈想要賺更多的錢。
慾望必須是單純而明確。
小目標
小目標
中目標
中目標
大目標
小目標
當想要的太多、太複雜，或超過一個人的能力時，就會被自己的目的所擊倒。
大目標
致富的最後一招，就是培養自身能力，提高賺錢的技能。
在技藝上精益求精、與同行切磋的人，必會得到豐厚回報。

第四章

如何遇見幸運女神？

「如果一個人夠幸運，他未來的財富將是不可估量。就算把他扔進幼發拉底河，他都可以撈出珍珠上岸。」

——巴比倫諺語

每個人都想成為幸運兒。四千年前的古巴比倫人如此，今日的我們亦然。我們都渴望得到無法捉摸的幸運女神之眷顧。有沒有什麼辦法能遇見幸運女神，不僅能吸引她的注意目光，還能得到她的慷慨幫助呢？

有沒有一種辦法能吸引好運降臨呢？

這也正是古巴比倫人想知道並決心要找出答案的事情。他們十分精明、思緒敏銳，這也說明了巴比倫之所以成為當時最富有、最有權力之地的原因。

在那遙遠的年代，巴比倫裡並沒有學校或學院之類的教育單位，不過倒是有個非常注重實用性的學習中心。在巴比倫的雄偉建築中，有一處地方的重要性與國王的皇宮、空中花園和神殿不相上下，但在歷史書中卻鮮少提及，甚至可以說幾乎沒有，但此處對當時人們的思想有著強大的影響。

這棟建築就是講學堂。在那裡，有許多義務的講師傳授著古人的智慧，眾人也可以暢所欲言地討論時下熱門議題。在講學堂裡，人人平等，即便是卑微的奴隸也能毫無顧忌地與王公貴族展開辯論，不用擔心受到任何懲罰。

經常出入講學堂的人中，有一位兼具智慧與財富的人，他是巴比倫的首富阿卡德。他有專屬的講學廳，幾乎每晚都擠滿了人，有老有少，更多的是中年人，大家聚在一起討論有趣的話題，也不乏透過辯論擦出思想火花。接下來我們就來看看當年他們是否找到吸引好運降臨的方法。

如巨大火球般的夕陽剛剛落下，餘暉還灑落在沙漠的塵土上，阿卡德緩緩走進他熟悉的講廳，裡面人們已經坐滿四排正等待他的到來，還陸續有人進來。

「我們今晚要討論什麼呢？」阿卡德詢問眾人。

猶豫片刻後，一名高個子的織布師像往常一樣站了起來，說道：「阿卡德，我有個問題想聽聽您的意見，但之前一直不敢提出來，怕您和在座的朋友們會覺得很可笑。」

在阿卡德和眾人的鼓勵下，他繼續說：「我今天很幸運，撿到了一個裝滿金幣的錢包，我很想繼續這樣幸運下去。我覺得大家應該都跟我有一樣的願望，所以我建議我們來討論一下如何才能吸引好運降臨，找到好運相隨的方法。」

「有趣的話題出現了，」阿卡德說：「這是個非常值得討論的話題。對有些人而言，好運是一種不可預測的偶發事件，就像一場意外，沒有任何原因，說出現就出現了。有些人則相信，一切的好運都是慷慨的阿斯塔女神所賜，對於曾經供奉過她的人，她總會給予豐厚的回報。朋友們，大膽說出你們的想法吧，你們覺得如何才能讓好運降臨到我們每一個人的身上呢？」

「好！說得好！多說一點！」底下越來越多人呼應著這個話題。

阿卡德接著說：「在開始今天的討論前，我想先聽聽在座各位有誰跟剛剛那名織布師有過相似的經歷，曾經不費吹灰之力就撿到或得到一筆財富或珠寶？」

現場一片安靜，你看我、我看你，人人都在等著答案，卻始終沒人出聲。

「什麼？沒有人嗎？」阿卡德問：「也就是說，這種好運發生的機率非常低。那對於上哪尋找好運這個話題，誰有建議嗎？」

「那我來說說吧，」一位衣著光鮮亮麗的年輕人站了起來：「說到運氣，很自然就會想到賭桌，對吧？我們經常看到賭桌的人們祈禱著幸運女神眷顧，最好能大贏特贏，不是嗎？」

在他準備坐下時，傳來聲音說：「別停！繼續說！你在賭桌上有得到幸運女神的眷顧嗎？她是讓骰子的紅色面朝上，讓莊家的錢全進了你的錢包？還是讓藍色面朝上，把你所有辛苦賺來的銀幣全給了莊家？」

那位年輕人也跟著大家一起笑了，然後回答說：「我不太願意承認，但我想幸運女神根本就沒注意到我在哪裡。各位呢？誰有遇過她讓你擲出你想要的骰子點數嗎？大家都想聽聽，也順便學一下。」

「很聰明的開場方式，」阿卡德說：「我們之所以聚在這裡，就是思考問題的所有面向。忽略賭桌上的事情就形同忽略了多數人的本性，畢竟大家都喜歡以小搏大，都想用少少的銀幣贏回一桌的黃金。」

「我想到昨天的賽馬，」現場另一位聽眾大聲說：「如果幸運女神經常出現在賭桌旁，她肯定也不會錯過金色馬車和竭力奔跑的馬匹這種更刺激的比賽。阿卡德，你老實告訴我們，昨天幸運女神是不是有悄悄告訴你，要把賭注押在尼尼微的灰馬身上？我昨天就站在你身後，當時我聽到你買灰馬贏的時候，我簡直不敢相信我的耳朵。所有人都知道，在一場公平競爭的比賽中，全亞述根本沒有任何馬隊能贏過我們最愛的栗馬。

「幸運女神是不是在你耳邊偷偷告訴你要押灰馬贏？在最後一圈時，就是因為跑在最內圈的黑馬跌倒，干擾了我們的栗馬，最後灰馬才能意外地贏得比賽。」

阿卡德被這問題逗得哈哈大笑，說道：「是什麼讓你們覺得幸運女神會對人類賭馬有興趣？對我來說，幸運女神是充滿愛心和莊嚴的女神，她的興趣應該是幫助那些需要幫助的人，讓努力付出的人得到回報。我也想找到她，但不是在輸多贏少的賭桌或賽馬，而是當一個人值得得到回報時，我希望能看到她出現。

「無論是耕種土地或是誠實交易，在各行各業裡，每個人都有機會透過自身努力獲利，或許不是每次都能得到回報，因為有時人的判斷也會出錯，有時也會為機遇所挫，但只要堅持下去，總有一天會實現獲利，因為獲利的機會總會屬於堅持到最後的人。

「但在賭局中，獲利的機會就正好相反，機會往往是屬於莊家而不利於賭客。賭局的安排就是為了讓莊家贏錢。這就是莊家在做的生意，想辦法把賭客手中的錢贏過來，成為自己的財富。但卻很少有賭客能看透莊家贏錢的必然性和自己贏錢的不確定性。

「以擲骰子下注為例吧。我們每次都是賭哪面朝上。如果是紅色朝上，莊家就會賠給我們下注金額的四倍。但如果是其他五面任何一面朝上，我們就輸錢了。這麼算下來，每次擲骰子就有五次可能會輸，但因為紅色是四賠一，所以贏一次等於賺了四次。一晚賭下來，莊家必然都能得到五分之一的賭注，這就是他的利潤。你覺得一個人在必然會輸掉五分之一賭本的情況下，真能贏到多少錢嗎?」

「但還是有人贏過很多錢啊。」一位聽眾說。

「確實如此，」阿卡德繼續說：「但問題是用這種方式得到的錢，能為這些一夜的幸運兒帶來長期的財富嗎?我認識巴比倫許多有錢人，沒有一個是靠賭起家。

「今晚在座的各位肯定也認識不少有錢人，我很好奇在你們所認識的人當中，那些稱得上是成功的人，有多少是從賭桌上開啟致富之路?如果你認識這樣的人，不妨說出來給大家聽聽。」

一陣沉默之後，有人幽默地拋出一句：「莊家算嗎？」

「如果你們想不出來，那就只好把莊家算進來了。」阿卡德回答：「如果你們想不出有任何人是靠賭致富的，那你自己呢？還是在座有誰一直在賭場贏錢，只是現在不想說出來？」

話一說完，現場一陣騷動，大家都忍不住笑了。

「這麼看來，我們可能找錯地方了。賭場顯然不是幸運女神常會出現的地方，」他繼續說：「所以我們在其他地方找找吧。我們已經知道幸運女神不會讓我們撿到錢包，在賭場看不到她，至於賽馬，我不得不承認我輸的遠比贏的多。

「接下來，我們來想想自己的生意吧。如果你做了一筆生意，而且還獲得收益，你是不是很自然地認為這是靠自己努力得到的回報，跟幸運無關？我想說的是，我們常常會忽略幸運女神所賜予的禮物。或許她早已幫助了我們，只是我們不知道要感謝她的恩澤。關於這一點，有沒有人要說說？」

此時，一位年長的商人起身，順了順他身上優雅的白袍，說道：「尊敬的阿卡德以及在座的各位朋友們，請允許我說幾句話。正如阿卡德剛才所說，如果我們把事業上的成功視為自己努力的成果，那何不來談談大家與巨大財富失之交臂的成功機會呢？我說的是如果成功了，能算上是百年難得一見的好運個案。但正因為沒有實現，也就不能當成是努力應得的回報。相信大家應該都有類似經驗吧？」

「這是個不錯的提議，」阿卡德贊同這說法：「你們當中誰經歷過快要到手的好運又憑空溜走？」

現場許多人舉手，其中就包括該名商人在內。阿卡德走向他說：「既然是你提議的，我們先聽聽你的說法吧。」

「我很樂意為各位說個故事。這個故事能充分說明一個人可以如此靠近好運，但又能盲目到什麼程度眼睜睜地讓好運溜走，最後只能蒙受損失，徒留追悔莫及的遺憾。」他繼續說出他的故事：

許多年前，當時我還年輕，剛結婚不久，準備開始創業。有一天，父親來找我，強烈建議我進行一項投資。他好友的兒子看中了城外不遠處的一大片荒地，這塊地的地勢比運河還高，所以河水無法流進去。

我父親友人的兒子計畫購買那塊土地，要在那裡建造三座大水車，靠牛來拉動水車，好引入運河的水來灌溉土地。完成之後，他打算將土地分成小塊出售給城中居民種植作物。

但他沒有足夠的錢來完成這項計畫。當年的他跟我一樣是個年輕人，收入普通，他的父親也跟我父親一樣，要養一大家子的人，也沒什麼積蓄。因此，他決定找一群人共同完成計畫。他打算找十二個人，這些人都必須有收入，並且同意將收入的十分之一投入計畫中，直到土地可以出售的那一天。土地出售後的獲利將以投資的比例來分配。

「孩子啊，」父親對我說：「你還年輕，我希望你從現在開始，為自己開展自己的事業，將來能受人尊重。我希望你能從我失敗的經驗學到教訓。」

「父親，這也是我想做的事。」我回答。

「那就照我的建議做吧。去完成我在你這年紀時就應該做的事情。存下十分之一的收入，拿去做有利的投資。用這十分之一的收入，加上它所帶來的收益，等你到了我這個年紀時，就能累積到一筆可觀的財富。」

「父親，您說的話非常有智慧。但縱使我很想變成有錢人，現實情況是我的收入必須用在許多事情上，所以您的建議可能要緩緩。我還年輕，有的是時間。」

「我在你這年紀的時候也是這麼想的，但這麼多年過去了，我一直都沒有開始做這件事。」

「父親，年代不同了。我不會再犯同樣的錯誤。」

「孩子，通往財富的機會就在眼前。我拜託你別拖了。明天就去找我朋友的兒子跟他商量，把你十分之一的收入投資到他的計畫裡。明天趕快去，機會不等人的。機會今天還在這裡，可能明天就不見了。千萬別拖！」

儘管我父親再三勸說，我還是猶豫不決。眼前有許多東方商人剛帶來很多漂亮長袍，妻子和我都覺得應該擁有一件這種象徵華麗富貴的長袍，我真要為了投資那十分之一的錢，延遲生活中的享樂嗎？我遲遲未做決定，結果就真的沒機會了，後悔都來不及。那個計畫的獲利遠超過所有人的預期。這就是我的故事，告訴各位好運是如何從我手中溜走。」

「這故事告訴我們，**幸運是留給接受機會的人**，」一位來自沙漠、皮膚黝黑的人說：「要建立財富，一定要有一個開始。可能是從收入撥出幾枚金幣或銀幣作為第一筆投資。我現在擁有大批牛群，但這一切的開始是我小時候用一枚銀幣買來的一頭小牛。這就是我創造財富的開始，對我非常重要。

「跨出創造財富的第一步之後，好運就會隨之而來。對任何人而言，這第一步非常重要，將會徹底改變人生，把一個人從靠勞力賺錢變成讓金錢替他賺錢。有些人比較幸運，能在年輕時就開始這樣做了，所以他的財富遠超過比他晚起步的人，或是有些人比較不幸，一輩子都沒開始，就像剛才這位商人的父親。

「如果這位商人朋友在年輕時當機會找上他時，跨出這一步，今天就能享有這世界上許多美好的事物。而那位織布師朋友如果在撿到錢包時也跨出第一步，這也將成為他獲得更多財富的開始，一切都會變得不一樣。」

「謝謝你！我也有話想說。」一位來自別國的陌生男子起身說話：「我是敘利亞人，你們的話我可能說得不好，但我想用一個詞來形容剛剛那位商人朋友，或許這個詞會讓人覺得不夠禮貌，但我還是想說。可是我不知道用你們的話要怎麼說。如果我用敘利亞文說，你們可能聽不懂。所以，能不能請各位好心人告訴我，如果一個人總是拖延去做對自己有利的事情，這該如何形容？」

「拖拉鬼。」傳來一個聲音說。

「他就是這樣！」敘利亞人激動地揮手大叫：「在機會到來時，他沒好好把握。

他選擇一直等待，一直說自己有很多事情要忙。但就再見啦！機會不會等慢吞吞的人。一個人如果想要成為幸運兒，就必須迅速採取行動。當機會來臨卻不迅速把握的人，就跟那位商人朋友一樣，是個拖拉鬼。」

商人站起來，用善意的鞠躬來回應嘲笑他的人：「這位外國朋友，我很佩服你一針見血地說出了真相。」

「我們再來聽聽其他人的故事。有人願意分享嗎？」阿卡德問。

「我來說。」一位穿著紅袍的中年男子出聲，下面是他的故事：

我是做牲口買賣的，主要是駱駝和馬匹，有時候也會買賣綿羊和山羊。我要說的故事是關於機會在某夜突然降臨，或許也因為真的太意外，我才讓機會溜走。究竟是否如此，就留給各位判斷。

有一次，在經過十天尋購駱駝的旅程後，晚上我疲憊不堪地回到城外，卻發現城門緊閉深鎖，當時我非常生氣。那晚，我的僕人在城外搭起帳篷，我們所剩的食物已經不多了，而且滴水不剩。此時，有位老農夫走過來，他跟我們一樣被關在城外。

「先生，」他對我說：「從您的打扮來看，您應該是個商人。如果是的話，我希望能把這一群剛趕來的好綿羊賣給您。唉，因為我的妻子重病發燒，我必須盡快趕回去。如果您買下我的綿羊，我和僕人就能直接騎駱駝趕回去了。」

「當時天色太暗，我看不清他的羊群，但從聲音可以判斷數量很多。我花了十天都沒找到我想要的駱駝，很樂意跟他談這筆生意。由於他急著賣掉，提出了一個非常合理的價格。我接受了，我知道早上城門開啟後，我的僕人就能把羊群趕進城裡賣個好價錢。

價錢談好後，我讓僕人點起火把，清點羊隻數量，農夫說一共九百隻。朋友們，我並不是刻意誇大，但你們應該知道大半夜清點一群又渴又累還亂哄哄的羊群是多麼困難，壓根就是不可能的任務。於是，我直接對農夫說，等到白天我點完數量後再付給他錢。

「拜託您，先生，」他懇求我：「您今晚先支付三分之二的費用，讓我先趕回家。我會把我一個最聰明且受過教育的僕人留下，協助您明天一早清點。他很可靠，剩下的錢到時再交給他就好。」

但我當時很固執，拒絕當晚支付部分費用給他。隔天一早，在我醒來之前，城門打開了，四個商人衝出城要買羊。因為城市遭到敵軍包圍，城內糧食短缺，他們非常迫切且願意出更高的價格。最後老農夫以原本跟我談妥的三倍價格高價賣掉，我只能眼睜睜看著大好機會從眼前溜走了。

「這種故事可不常見啊，」阿卡德說：「這件事情讓我們學到什麼？」

「當談成一門有利可圖的生意後，立刻付款才是最明智的作法，」一位受到敬重的鞍匠說：「如果交易划算，就像要提防別人來搶生意一樣，也要防範自己因弱點而動搖。要知道人心是多變的。唉，我不得不說，人在面對正確決定時，往往比在面對錯誤決定時更容易改變心意。對錯誤的決定倒是非常固執、打死不變；但對於正確的決定，又很容易動搖。沒錯，我們很容易動搖，白白讓機會溜走。

我的第一個判斷往往是最準確的，但當我遇到一筆好生意時，我也發現自己總是很難順利完成交易。因此，為了不讓我那薄弱的心智受到影響，我會選擇當機立斷，立刻支付訂金，絕不錯失大好機會才來後悔。」

「謝謝你！我還有話要說，」敘利亞人再度起身：「這些故事都有相似之處。每個機會溜走的原因都一樣。每當機會帶著好計畫出現在拖拉鬼面前，拖拉鬼每次都會猶豫，都不把握機會立刻行動，這樣怎麼可能成功呢？」

「這位朋友，你說得非常有道理，」那個做牲口買賣的商人回應：「在這些故事裡，好運都是從拖拉鬼身邊溜走。而且這類事情屢見不鮮。每個人都有拖延的毛病，人人也都渴望財富，可是當機會出現時，拖延症就會以各種方式拖延時間，致使時機延誤。放任自己拖拖拉拉，我們就會變成自己最大的敵人。

「我年輕的時候還不懂這位敘利亞朋友所說的話。一開始總以為是自己的錯誤判斷導致我失去了許多可以賺錢的機會。後來，我又把原因歸咎於固執的性格。最後才知道，原來是在該迅速果斷採取行動時，我卻選擇了不必要的拖延。答案揭曉後，我真是非常討厭這種慣性。原本我像是一頭被套上韁繩的野驢，但現在學會了如何掙脫這個敵人的束縛，讓自己踏上成功之路。」

「謝謝您！我想問商人朋友一個問題，」敘利亞人說：「您穿著華麗的袍子，跟那些窮人都不一樣，談吐也十分不同，像個成功人士。請告訴我們，如果拖延症又在您耳邊響起，您會怎麼做？」

「就像這位做牲口生意的朋友一樣，我也一直在克服拖延的毛病。」商人回答：「對我來說，拖延就是敵人，一直在旁邊伺機而動，阻撓我的成就。我所說的只是機會從我身邊溜走的眾多故事之一。一旦知道問題，要克服也就不難了。沒人會眼睜睜看著小偷偷光自己的糧倉，也沒人會允許對手偷走客戶，拿走本應屬於自己的利潤。當我意識到這種行為就是我的敵人時，我下定決心要克服這件事。因此，想要共享巴比倫財富的人，必須先懂得掌控拖延的惰性。」

「阿卡德，你怎麼看呢？畢竟你是巴比倫的首富，大家都說你是最幸運的人。你認不認同我剛說的，一個人必須先擊退內心的拖延，才有可能真正成功？」

「正如你所說，」阿卡德表示同意：「我活了這麼多年，見證了一代又一代的成長，他們在貿易、科學和教育的領域中前進，最後獲得成功。機會不斷降臨在大家身上，有些人把握了機會，一步步平穩地走向內心深處的慾望，並帶來滿足；但多數人都是猶豫不決，錯失良機，只能看著別人成功。」

阿卡德轉向織布師說：「尋找幸運這話題是你提議的，聽聽你的看法吧。」

「我對幸運確實有不同的看法。一開始我也認為幸運是指一個人不用吹灰之力就能得到自己想要的東西，但我現在知道，這種事情是不可能發生的。從剛剛的討論中我發現，**想要得到幸運，得先把握機會**。因此，在未來的日子裡，我會不遺餘力地好好把握眼前的一切機會。」

「你已經從我們的討論中抓到重點了，」阿卡德說：「我們發現好運是伴隨著機會而來，別無他法。如果商人朋友能抓住幸運女神帶來的機會，他就會有很大的好運。同樣的道理，如果做牲口生意的那位朋友能把握機會買下那群羊，轉手賣出後，他就能得到一大筆錢。

「關於如何找到好運這個話題我們已經談了很多，我想我們也找到方法了。今天聽到的所有故事都是在告訴大家，好運是伴隨機會而來。關於好運的這些故事裡都隱藏了一條真理，一條無論成功或失敗都不會改變的真理：**想要得到好運，**

必須先把握機會。

「懂得把握機會的人，**必能**得到幸運女神的眷顧。她非常希望能幫助想取悅她的人，有行動力的人最能討她歡心。

「行動會帶領你通往你渴望已久的成功。」

幸運女神最眷顧付諸行動的人。

第五章

財富的黃金五法則

「一袋沉重的黃金和一片刻滿智慧之語的泥板，如果讓你選擇，你要選哪一個？」

沙漠中的灌木叢邊，火堆光影閃爍著，一群被日光曬的黝黑臉龐上，對這個話題顯得相當感興趣。

「黃金，當然選黃金！」二十七個人異口同聲回答著。

年長的卡拉巴布會心一笑。

「你們聽，」他舉起手繼續說：「聽到那些野狗夜晚時的叫聲嗎？牠們因為飢餓而嘶嚎哀鳴，但如果給牠們食物，吃飽了又會如何？牠們互相打架撕咬，一副趾高氣昂的模樣，還越咬越凶，完全不考慮明天會如何。

「人類也是一樣。讓他們在黃金和智慧之間做選擇，他們會怎麼選？他們會忽視智慧，揮霍黃金。隔天會繼續哀嘆，因為他們將黃金花完了。

「只有熟悉財富法則，並加以遵守的人才能留得住黃金。」

涼爽的夜風吹來，卡拉巴布用白色長袍裹住他細瘦的雙腿。

「因為你們在這漫長旅途中的忠誠服務，細心照顧我的駱駝，因為你們在炎熱的沙漠裡毫無怨言的付出，為了我的貨物勇敢地與強盜拚搏，所以今晚我將告訴各位一個故事，是關於黃金的五個定律。我敢說你們之前一定沒聽過。

「聽著，仔細聽我說的話，如果你能理解其中的精髓並用心記住，未來的日子裡你將擁有許多黃金。」

為表慎重，他說完停頓了一下。深藍色的夜幕籠罩著巴比倫，清澈夜空上群星閃爍。在這群人身後是被牢牢固定住的褪色帳篷，可用來抵禦沙漠風暴的侵襲。帳篷旁則是一堆堆擺放整齊的商品，上面用獸皮覆蓋著。周圍的駱駝群已在沙裡蹲跪著休息，有的滿足地反芻，有的則已熟睡打鼾了。

「卡拉巴布，你已經說了許多好故事，」負責打包的工頭說：「明天這趟商旅工作就結束了，希望你的智慧能成為指引我們未來生活的明燈。」

「我之前告訴你們的，都是我在陌生而遙遠外地的冒險故事。但今晚，我要說的是阿卡德的智慧，他是一個聰明的富翁。」

「我們聽過許多關於他的事情，」打包的工頭說：「他是巴比倫有史以來最富有的人。」

「他確實是最富有的人，那是因為他深知獲取黃金之道，而且沒人比他更厲害。今晚，我要跟各位分享他的智慧，這是多年前他的兒子諾瑪色在尼尼微告訴我的事。當時我還只是個年輕小伙子。

「那天晚上，我和主人在諾瑪色的豪宅裡待到很晚，我幫主人帶著一批上好的地毯到他家供他挑選，讓他選到滿意的顏色為止。最後，他非常高興，要我們跟他一同坐下，品嚐一種罕見的葡萄酒，那酒很香，喝下去後胃裡暖暖的，在那時我還沒喝過這樣的酒呢。

「接著，他說要告訴我們關於他父親阿卡德所傳授給他的智慧，當時就像現在我對你們講話一樣。」

卡拉巴布於是開始說：

各位都知道巴比倫有種傳統，富人之子早晚要繼承家業，所以會住在父母家中。但阿卡德很不認同這種做法。因此，在諾瑪色長大後，到了可以繼承家業的年紀時，阿卡德把孩子叫來，對他說：

「兒子啊，我希望你能繼承我的家業，但首先你得向我證明，你有能力、有智慧可以管理這一切。因此，我希望你能出去看看外面的世界，展現出獲得財富的能力，並且要得到別人的尊重。

「為了讓你有個好的開始，我會給你兩樣東西，這可是我當年白手起家時所沒有的。

「首先，我會給你一袋黃金。如果你能聰明使用這筆錢，這就是你未來成功的基礎。

「其次，是一塊泥板，上面有獲取黃金的五大法則。如果你能將這些法則付諸行動，你就能得到且留住更多黃金。

「十年後的今天，你再回到這裡，告訴我你的經歷。如果你能證明自己的能力，我會把家產全數交付於你。否則我就會把所有財產捐給祭司，換取諸神對我靈魂的庇護。」

於是，諾瑪色用絲綢小心翼翼地包裹泥板，帶上黃金和僕人，騎馬離開了家，踏上自己的旅程。

十年過後，諾瑪色依約回到父親家中。父親為他舉辦一場盛大宴會，邀請許多親朋好友。宴會結束後，父母坐在大廳裡如王座般的椅子，諾瑪色站在他們面前，依照承諾娓娓道來這些年的經歷。

那時已是夜晚，房間裡光線昏暗，空氣中瀰漫著油燈燈芯燃燒的煙霧。身穿白色束腰寬鬆外衣的僕人握持棕櫚葉的長柄，有節奏地煽動著潮濕的空氣，現場莊嚴的氣氛中不失高貴。諾瑪色的妻子和兩名幼子，還有其他的家人朋友，全都坐在他身後的地毯上，迫不及待想要知道他這些年的經歷。

「父親，」他恭敬地說：「我要先向您的智慧鞠躬致意。十年前，在我成年之時，您要我走出去看看外面的世界，走入人群，而不是留在家裡坐等繼承您的財富。

「您給了我一大袋黃金，並賜予我智慧。關於那袋黃金，唉，我必須承認我處理得很糟糕。事實上，因為缺乏經驗，錢財消失的速度猶如野兔般，從初次捕捉牠的年輕人手中很快地溜走了。」

父親寬容地笑著說：「孩子，繼續說下去。關於你的一切，我都想知道。」

「當時，我決定去尼尼微，因為那裡正在發展，我相信可以找到機會。我加入一支商隊，在裡面認識了許多朋友。其中有兩個人特別能言善道，他們有一匹漂亮的白馬，跑起來像風一樣快。

「在路上，他們信誓旦旦地說，在尼尼微有位富人號稱有一匹速度極快的馬，至今從無戰敗紀錄。這位富人認為世界上沒有一匹馬能跑贏他的愛駒。因此不管賭注有多大，他都敢賭，他相信自己的馬比整個巴比倫的任何馬匹都快。所以我朋友告訴我，跟他們的白馬相比，富人的馬充其量不過是頭笨驢，隨便都能跑贏牠。

「他們很大方地讓我加入賭局，說是賣個人情給我。我對這個計畫非常心動。」

「最後我們的馬大敗，我賠了不少錢。」父親聽完後大笑。「後來，我發現這就是個精心設計的騙局，這兩人經常在各商隊尋找行騙對象。尼尼微的那個富人也是他們的同夥，一起瓜分騙來的錢。這次受騙的經歷就是我闖蕩世界學到的第一課：行事要小心謹慎。

「很快我又上了一課，這次遭遇一樣慘。商隊裡有另一個年輕人，我們很快變成好朋友。他也生在富裕的家庭，跟我一樣想在尼尼微闖出一番事業。我們抵達後沒多久，他說有位商人剛去世，留下一間店，店的貨物種類豐富、客源穩定，只要拿出一點錢就能把這間店盤下。他說我們各出一半資金，但他必須先回巴比倫籌錢。他說服我先拿錢出來買下這間店，後續店鋪開銷就由他負責。

「可是他回巴比倫的計畫一延再延。隨著日子一天天過去，時間證明了他是一個輕率的買家，也是個無腦的紈絝子弟，最後我終於忍無可忍，結束了跟他的合作關係。但之前店裡的生意非常慘澹，只剩下一些賣不出去的東西，我也沒有錢再去買更多的貨品進來了，最後只能將剩下的東西賤賣給一個以色列人。

「父親，我告訴您，接下來就是一段苦日子了。我試圖去找工作，但沒找著，因為我沒有做生意的經驗，也沒有賺錢的一技之長。於是賣掉馬匹、賣掉僕人、賣掉多餘的長袍，因為我需要食物，需要有個睡覺的地方，日子一天過得比一天還苦。

「但在那段艱苦的日子裡，我想起了父親您對我的信心。您送我離家出去闖蕩，要做一個真正的男人，我在心裡發誓一定要達成您的期待。」聽及此，母親在一旁偷偷拭淚。

「這個時候，我想起了您給我的泥板，上面刻著得到黃金的五條法則。我仔細閱讀這些文字背後的智慧，意識到如果我有先尋找智慧，就不會賠光您給我的黃金了。我用心學習每條法則，並且下定決心，只要幸運女神對我微笑招手，我就要以長者的智慧行事，不再當一個缺乏經驗、行事衝動的年輕人。

「為了今晚在座各位的前途，我要讀出父親十年前刻在泥板上的智慧跟大家分享：

致富的五大法則

1.至少將所得的十分之一存下來，為自己的未來或家人累積資產。如此一來，金錢就會源源不絕而來，大量增加。

2.懂得讓財富增值，金錢願意為聰明的主人勤勞工作，就像原野上的牧群迅速繁衍。

3.妥善使用到手的資金，聽從內行人的建議謹慎投資。

4.投資不熟悉的事業或內行人不看好的用途，財富就會溜走。

5.如果硬要賺取不可能的收益，聽從騙子的花言巧語，或是聽任個人不切實際的無知投資，財富就會一去不返。

「這些就是我父親寫給我的黃金五法則，我認為其中的智慧比黃金本身更有價值。我會用接下來發生的故事來證明這一點。」

他再次面對父親說道：「無知的投資將我推向貧窮和絕望的深淵。

「但是苦難總有結束的一天。我後來找到一份工作，負責管理修建尼尼微城牆的奴隸。找到工作的那一天，也算是苦日子到頭了。

「受益於獲得致富的第一條法則，我從第一筆薪水中存下一枚銅幣。每次一有收入就存，直到我累積到了第一枚銀幣。對一個討生活的人來說，這過程算是相當緩慢。我承認，因為我下定決心要在十年內賺回您當初給我的黃金，所以我一直不太願意花錢。

「有一天，跟我成為朋友的奴隸主人對我說：『你是一個很節儉的年輕人，不會揮霍亂花錢。可是，你就只是存錢嗎？』

『是的，』我回答：『我最大的願望就是把父親給我、被我賠掉的那筆黃金存回來。』

『這是件好事，我支持你。但你知道你所存下來的錢可以幫你賺到更多黃金嗎？』

『唉，我之前的教訓太痛了。把父親給我的錢賠光了，我很怕現在存下來的錢又會不見。』

『如果你相信我，我就幫你上一課，教你如何利用資金獲利。』他回答道：『外牆會在一年之內完工，到時候每個出入口都會需要裝上高大厚實的青銅門來防禦外敵入侵，但尼尼微沒有足夠造門的金屬，國王也還沒想到這一點。所以我打算找幾個人，大家拿出資金湊筆錢，派商隊到遠方採購銅錫帶回來。當國王下令建造大門時，就只有我們能供應足夠的金屬，國王也會出高價採購。就算他不找我們買，我們手中的金屬也能賣個不錯的價格。』

「他的提議讓我想起第三條法則，要聽從智者建議投資。結果也沒讓我失望。我們的合作非常成功。交易完成後，原本一點點的金錢變成了一大筆財富。

「後來，我加入這群人，一起進行其他投資。他們都非常善於利用財富來投資獲利。每次的計畫在實施前都會經過詳細討論，絕不會讓本金損失或是套在無利可圖的投資上。例如我之前缺乏經驗選擇賭賽馬和與外行人合夥做生意這類的蠢事，他們絕對不會碰，而且一眼就能看出問題。

「與他們合作，讓我學到如何以安全的投資方法獲得豐厚回報。隨著時間過去，我的財富迅速增加。我不僅賺回失去的錢，而且還賺了更多。

「經歷過失敗、多年磨練到最後的成功，我一次又一次測試了父親傳授給我的那五條致富智慧，每一次都驗證了它們是正確的。如果沒有掌握這五條法則，財富來得慢卻去得快。反之，如果能遵守這五條法則，財富就會源源不絕，成為為你工作的忠實僕人。」

說及此，諾瑪色停下不語，示意後方的僕人拿著沉沉的皮袋上前，僕人分三次遞上了三袋。諾瑪色將其中一袋放在父親面前的地板上，繼續對他說：

「您當年給了我一袋黃金，巴比倫的黃金。如今，我還給您一袋等重的黃金，來自尼尼微的黃金。這很公平，相信大家都沒有異議。」

「您還給了我一塊刻滿智慧的泥板，如今我奉上兩袋黃金歸還。」語畢，諾瑪色從僕人那接過兩袋黃金，同樣放在父親面前。

「父親，我這樣做是為了向您證明，我認為當年您傳授的智慧比您的那袋黃金更有價值。然而，要算出黃金的價值容易，要衡量智慧的價值卻很困難。如果沒有智慧，擁有黃金的人很快就會失去一切；但擁有智慧，即便當下沒有黃金，卻也離擁有不遠了。這三袋黃金就是最好的證明。

「尊敬的父親，是您的智慧讓我變得富有、受人敬重，我非常的滿足。」

阿卡德慈愛地撫摸著諾瑪色的頭，說道：「你學得很好。我很幸運有你這個兒子，我可以放心把財產交給你了。」

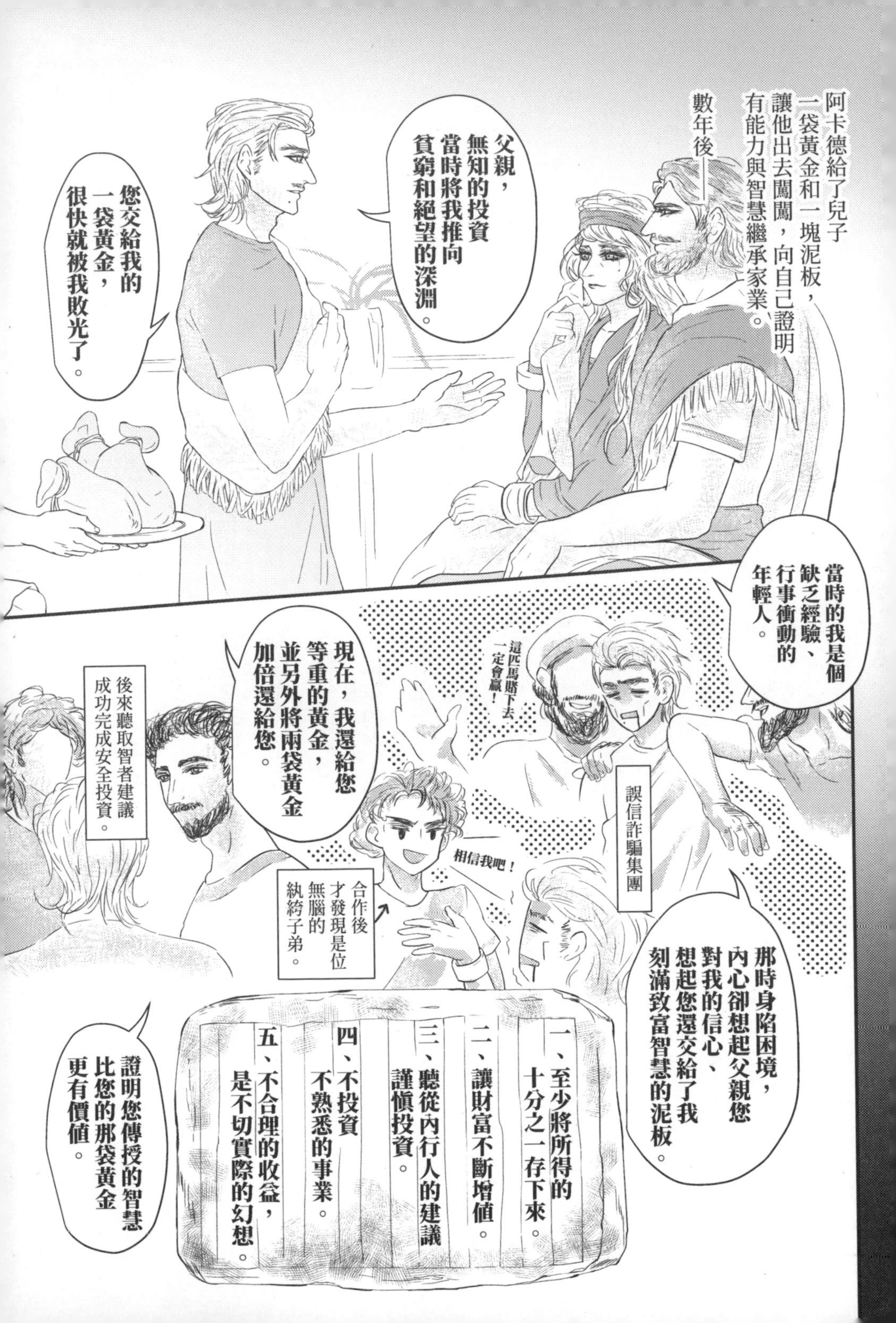
阿卡德給了兒子一袋黃金和一塊泥板，讓他出去闖闖，向自己證明有能力與智慧繼承家業。
數年後——
父親，無知的投資當時將我推向貧窮和絕望的深淵。
您交給我的一袋黃金，很快就被我敗光了。
當時的我是個缺乏經驗、行事衝動的年輕人。
這匹馬賭下去一定會贏！
誤信詐騙集團
那時身陷困境，內心卻想起父親您對我的信心、想起您還交給了我刻滿致富智慧的泥板。
相信我吧！
合作後才發現是位無腦的紈絝子弟。
現在，我還給您等重的黃金，並另外將兩袋黃金加倍還給您。
後來聽取智者建議成功完成安全投資。
一、至少將所得的十分之一存下來。
二、讓財富不斷增值。
三、聽從內行人的建議謹慎投資。
四、不投資不熟悉的事業。
五、不合理的收益，是不切實際的幻想。
證明您傳授的智慧比您的那袋黃金更有價值。

卡拉巴布講完了故事，眼神若有所思地看著眼前這群人。

「諾瑪色的故事讓你們學到什麼？」他繼續說。

「你們當中有誰可以對父親或岳父驕傲地說出自己是如何管理收入的？

「你們會不會說：『我去過許多地方、學到很多事情，也賺了不少錢，但是手中剩下的錢卻不多了。有時候我精打細算地用錢，有時候我花錢卻不用腦，很多錢都莫名其妙不見了。』這些受人敬重的老人聽了後會怎麼想呢？

「你們現在還認為有些人家財萬貫、有些人一無所有，只是命運不公的作弄嗎？那麼你們就錯了。

「掌握致富五大法則的人就會得到源源不斷的財富。

「因為我很早就學到這件事，並且一直遵守這些智慧，所以我變成了富商。但我的財富不是大風刮來，也不是魔術變出來的。

「來得快的財富，去得也快。

「財富慢慢累積到能帶來快樂和滿足，是漸進的過程，是智慧累積和堅持不懈的成果。

「對深思熟慮的人來說，賺取財富只是一個小小的負擔，但年復一年地扛著，最後必能達成目標。

「遵循黃金五法則的智慧，你必能得到豐厚的回報。

「這五法則當中的每一條都富含寓意，雖然我說的故事很短，但為了加深你們的理解，我現在再重講一次。因為年輕時，我看到這些智慧的價值，我是發自內心逐字理解，並且將其付諸實踐。」

致富的法則 1

至少將所得的十分之一存下來，為自己的未來或家人累積資產。如此一來，金錢就會源源不絕而來，大量增加。

「任何一個願意將所得至少十分之一持續存下來並進行有效投資，最終必能創造出可觀資產，替自己的未來提供收入，即便有一天蒙神寵召，也能為家人留下保障。此一法則告訴我們，財富是很樂於留在這種人的身邊。我可以用自身經歷證明這一點。我存下的黃金越多，它就來得越快，數量越來越多。而我存下的黃金能幫我賺到更多錢，你們的也一樣，讓錢生錢，這就是遵循第一條法則所會得到的結果。」

致富的法則2

懂得讓財富增值，金錢願意為聰明的主人勤勞工作，就像原野上的牧群迅速繁衍。

「財富確實是一個樂於工作的員工，甚至當機會出現時，它會迫不及待地成倍增長。對手邊有資金的人而言，機會往往會在最有利可圖的時機出現。隨著時間過去，財富會以令人驚訝的數量增加。」

致富的法則3

妥善使用到手的資金，聽從內行人的建議謹慎投資。

「事實上，財富喜歡跟隨謹慎的主人，也會從粗心大意的人手裡溜走。在投資方面尋求內行人的建議，很快就能學會如何安全地持有財富且不受損失，進而享受財富不斷增加的喜悅。」

致富的法則4

投資不熟悉的事業或內行人不看好的用途，財富就會溜走。

「對於擁有財富卻不擅長處理的人而言，他們的許多選擇可能看似能賺錢，但其實都有很高的損失風險，更別提在內行人看來可能根本無利可圖的機會。因此，缺乏經驗的人更傾向相信自己的判斷，把錢投入不熟悉的行業，最後都會發現自己的判斷有問題，並且付出代價。而聰明之人會根據內行人的建議進行投資，這才是明智之舉。」

致富的法則5

如果硬要賺取不可能的收益，聽從騙子的花言巧語，或是聽任個人不切實際的無知投資，財富就會一去不返。

「剛擁有金錢的人總會有些稀奇古怪的想法，就像是冒險故事一樣特別讓人激動著迷，好似他的財產會出現神奇的魔法，創造出不可能的收入。然而，要知道，在智者看來，每個能使人暴富的計畫背後都隱藏著巨大風險。

「別忘了尼尼微的有錢人，他們絕不會讓自己的本金承受損失的風險，或是讓資金卡在無利可圖的項目。」

「以上，這就是我要說的故事，關於黃金五法則的故事說完了。在這故事中，我也把自己成功的祕訣告訴了你們。

「但與其說是祕訣，不如說是真理。這是每個人都應該學習的事情，並應按此行事。如此一來，就不會像沙漠裡的野狗一樣，日復一日地過著今天飽、明天飢的日子。

「明天我們就要進入巴比倫了。看！看那貝爾神廟上的永恆之火！黃金城就在眼前了。明天，每個人都會得到黃金，那是各位用忠誠服務換來的金錢。

「十年之後，你會對別人怎麼說起這筆錢呢？

「如果你們當中有人能像諾瑪色善用手中的部分金錢打造資產，並且明智地遵循阿卡德的智慧法則，十年之後，你們都會像阿卡德的兒子那般成為一方富豪、受人尊敬。

「明智的抉擇會伴隨我們一生，會幫助我們也帶來快樂。但同樣的，愚蠢的行為也會一直折磨我們，成為揮之不去的惡夢。那些我們本應做到、應把握卻錯失的機會，回想起來無疑是一生中最大的折磨。

「財富就是巴比倫的寶藏，其價值是無法用黃金來衡量。每年這些寶藏都在增加，價值也在提升。就像每塊土地蘊藏的寶藏一樣，正在等待有著明確目標和決心的人來發掘，總有一天會給予豐厚的回報。

「你內心的慾望是一種魔力，用你對致富五大法則的知識來引導這股力量，你也能分享到巴比倫無盡的寶藏。」

第六章

錢莊老闆的抵押品

五十枚金幣！巴比倫製矛師傅羅丹的錢包裡從來就沒裝過這麼多錢。他剛覲見了英明的國王，現在正開心地走在宮殿外的大道上，錢包裡的金幣隨著他的腳步叮噹作響，聲音十分悅耳，這是他這輩子聽過最美妙的音樂。

五十枚金幣！全都是他的！他簡直不敢相信自己的好運，這些叮叮噹噹的聲響蘊藏了多麼大的力量啊！可以買到一切他想要的東西，包括豪宅、土地、牛隻、駱駝、馬匹和車輛，任何他想要的都行。

他該如何使用這筆錢呢？這天晚上，他拐進一條小街去姊姊家，他只想著把這些閃閃發光的金子留在身邊，沒有其他太多想法。

幾天後的夜晚，拿不定主意的羅丹走進馬松的店裡，馬松是一間錢莊的老闆，同時也做些珠寶和珍貴紡織品的生意。進店後，羅丹並未停下腳步，對左右兩邊五顏六色的貨品看都沒看一眼，直接穿過店裡進入後方的起居室，他看到馬松正悠閒地坐在地毯上，享用著黑人僕人端上的飯菜。

「我想請教你一件事，因為我不知道該怎麼做比較好。」羅丹雙腳分開地呆站著，皮外套下毛茸茸的胸膛一覽無遺。

馬松削瘦而蠟黃的臉上露出友善的笑容，朝他打了招呼。「我認識你這麼多年，不管遇上什麼麻煩，你從沒找過我幫忙。你是做了什麼壞事，才落得要來問錢莊老闆的意見？是賭輸了？還是被胖女人纏上了？」

「不是，不是那種事。我不是要借錢。但我非常需要你的智慧、你的忠告。」

「你聽聽！你聽到這人剛才說什麼了嗎？沒人會找錢莊老闆尋求建議的，我一定是聽錯了。」

「你沒聽錯。」

「真的嗎？製矛師傅羅丹可是比任何人都精明，但他不是來借錢，而是來問我的建議。很多人都是來找我借錢，為他們愚蠢的行為付出代價，但從沒有人是為了得到建議而來找我。但是，對那些財務陷入困境的人來說，又有誰比錢莊老闆更有資格說話呢？」

「你過來跟我一起吃飯，羅丹，」他繼續說：「今晚就當我的客人。」他吩咐黑僕：「安多！幫我的朋友製矛師傅羅丹準備地毯，他要來尋求我的建議，是我的貴客。幫他準備豐盛的食物，拿最大的杯子，上最好的酒，讓他盡情享用。」

「現在，告訴我，你遇到什麼麻煩了？」

「是國王的賞賜。」

「國王的賞賜？國王送給你東西還給你帶來了困擾？這是什麼樣的賞賜啊？」

「因為他對我為皇家衛兵設計的新長矛非常滿意，就賜給我五十枚金幣。現在我卻不知該如何是好了。

「每天從早到晚都有人拜託我與他們分享這些金幣。」

「這很正常。誰不想擁有金幣，從天上掉下來的更好。但你能拒絕嗎？你的態度有跟拳頭一樣硬嗎？」

「我可以拒絕許多人，但面對某些人，我好像不能說不。有人能拒絕自己親愛的姊姊嗎？」

「姊姊肯定不會想奪走你得到賞賜的喜悅啊。」

「但她是為了她的丈夫阿拉曼來拜託我，她希望讓他成為一名富商。她覺得阿拉曼之前一直都沒機會，但現在我可以借給他一筆錢做生意，如此一來他就有可能變成有錢人，然後會用賺來的錢還給我。」

「我親愛的朋友，」馬松接著說：「這是一個值得討論的話題。財富為主人帶來了責任，也改變了地位。財富帶來了恐懼，也讓人害怕失去或被騙走。財富讓人有行善的動力和能力，同樣也可能因為行善而陷入困境。

「你有沒有聽說過，在尼尼微有個農夫能聽懂動物的語言嗎？我想你應該不知道，畢竟這不是會出現在青銅鑄造廠裡的話題。讓我給你說個故事，讓你知道，所謂的借貸並不僅僅只是把金錢從一個人的手中交給另一個人這麼簡單。」

馬松開始說起農夫的故事：

這個農夫，他能聽懂動物之間的對話，他每天晚上都在農場裡逗留，就是為了聽聽動物到底在說什麼。

有一天晚上，他聽到公牛在對驢子抱怨自己的命運坎坷：「我從早到晚都要犁田，不管天氣多麼炎熱，不管我的腿有多累，不管犁軛勒得我脖子有多疼，我都得幹活。你倒是悠閒，只要披上五顏六色的毛毯，載著主人去他想去的地方就行。如果主人不出門，你還可以整天吃草休息。」

雖然這頭驢子會故意使壞地踢牠的後腿，但也還算有點同情心，對公牛說：「親愛的朋友，你真的很辛苦，我幫你減輕點負擔吧。我告訴你要怎樣才能休息一天。明早，當奴僕來拉你去犁田時，你就倒在地上發出痛苦的低吼聲，這樣他就會以為你生病，報告主人你不能工作了。」

隔天早上奴僕出現時，公牛聽從驢子的建議裝病，奴僕果然就告訴農夫說公牛病了，沒辦法拉犁。

「那麼，」農夫說：「把犁軛套在驢子上，繼續耕種，田裡的活不能停。」

結果，原本想幫助朋友的驢子工作了一整天，幫公牛做完了一天的農活。夜幕降臨時，驢子身上的犁軛才得以取下。牠的內心很痛苦，四條腿又痛又累，脖子也被犁軛磨得發疼。

農夫在穀倉裡逗留，想聽聽動物說什麼。

公牛先開口說：「你真是我的好朋友，因為你的聰明建議，我今天好好休息了一整天呢。」

「而我，」驢子不高興地說：「就跟許多單純的人一樣，原本一心只想幫朋友，最後卻落得幫人幹活的下場。以後你還是拉你的犁吧，因為我聽到主人對奴僕說，如果你繼續生病，就要把你送到屠夫那裡。我倒是希望他真這麼做，因為你真是太懶惰了。」

之後，公牛和驢子的友誼就到此為止，再也沒說過話。

「羅丹，你有聽出這故事背後的寓意嗎？」馬松問。

「這是個好故事，」羅丹回答：「但我沒聽出什麼寓意來。」

「我想你應該也沒聽明白。道理很簡單，就是如果你想幫助朋友，要用不會把自己拖下水的方式幫忙，不要把別人的負擔變成自己的麻煩。」

「我沒想到這一點。這是個非常明智的建議。我不想把我姊夫的負擔攬到自己身上。但請告訴我，你借出這麼多錢，有人還不出錢嗎？」

馬松露出頗富深意的笑容。「如果借錢的人還不出錢來，這能算得上是一筆好交易嗎？這只能說明錢莊老闆不夠精明，沒判斷出借款人是否能妥善利用金錢、順利還款，還是這筆借出去的錢會被借款人白白浪費、一毛不剩，最後只剩一身債務，無法償還借款呢？我讓你看看我箱子裡的抵押品，再告訴你這些東西背後的故事吧。」

馬松從房間裡拿出一個箱子，這個箱子跟他手臂一樣長，上面有青銅紋飾，還用一張紅色豬皮覆蓋著。他把箱子放在地上，蹲下身，雙手放在箱蓋上。

「每個向我借錢的人，都必須在這箱子裡留下一件抵押品，直到還清借款才能取回。如果他們無法還錢，這些東西就會提醒我，哪些人是不值得信任的。

「這個箱子告訴我，最安全的莫過於把錢借給那些財產價值大於他們慾望的那些人，他們有土地、珠寶、駱駝或其他可以變賣還債的東西。有些放在我這裡的珠寶價值其實比他所借的金額還高。也有些抵押品的主人已經跟我簽訂協議，如果他們無法按時償還，某些抵押品就歸我所有，以此抵債。像這一類的借貸因為是建立在財產抵押的基礎之上，我就不擔心錢收不回來。

「另一種是有賺錢能力的人，就跟你一樣，提供勞力或服務來賺取收入。因為他們有收入，只要沒有遭逢變故又夠誠實的話，我也相信借給他們的錢是能連本帶利地收回。這類的借貸就是以個人能力為基礎。

「還有的人，既沒財產，也沒有賺錢的能力。生活很艱難，也總有人適應不了這種生活。對這種人，哪怕是借給他們一分錢，我的箱子都會怪我眼瞎，除非這些人可以找到朋友為他擔保。」

馬松解開箱扣，把箱子打開。羅丹迫不及待地上前查看。

最先映入眼簾的是一件青銅項鍊，底下墊著一塊紅布。馬松拿起它，動作間流露出深深的情感。「這件東西會一直留在我的箱子裡，因為它的主人已經去了另一個世界。我非常珍惜這件東西，更珍惜與它主人的回憶，因為這東西的主人是我的好朋友。我們曾經一起做生意，而且做得很成功，直到他娶了一個非常漂亮的東方女子。他的妻子跟我們常見的女人都不一樣，是個非常耀眼的尤物。他幾乎是散盡家財，只為了滿足妻子的所有要求。最後他花光所有的錢、走投無路時，他來找我商量，我告訴他我會幫他東山再起，而他也以偉大的神牛起誓一定要成功，但結果並非如此。在一次激烈爭吵中，那女人直接拿刀刺進了他的心臟。」

「後來那女人呢？」羅丹問。

「沒錯，這就是她的東西，」他拿起紅布說：「她後悔不已，直接跳進了幼發拉底河。這是筆我永遠要不回來的借款。羅丹，這個東西告訴你，把錢借給深陷在痛苦情緒之中的人風險很大。」

「還有這個！這又是另一個故事，」他伸手拿取用牛骨刻成的戒指：「這原本是屬於一個農夫的，我是向他妻子購買地毯而結識的。那年蝗蟲過境，他們沒有食物可吃，於是我伸出援手，他在來年收成後也把錢還清了。後來沒多久，他又來找我，說從旅人口中聽到在遙遠的地方有種奇特的山羊，羊毛纖細而柔軟，能織出在巴比倫前所未見的美麗地毯。他想養一群這種山羊，但錢不夠。所以我借錢給他，讓他去把山羊買回來。現在他已經養起這種羊了，我想到了明年，我就能擁有讓全巴比倫貴族大開眼界、最昂貴的地毯，這在以前是有錢也不見得能買到的。這枚戒指很快就要回到主人身邊。他堅持要趕快還清債務。」

「會有人想趕快還錢嗎?」羅丹問。

「如果他們借錢的目的是為了賺錢,那就有可能。但如果他們借錢是為了一些不切實際的事情,那就不好說了,因為錢可能拿不回來,得慎重考慮。」

「說說這手鐲的故事吧。」羅丹邊說邊拿起一個沉甸甸的精緻金手鐲,上面還鑲有珠寶。

「還是女人的故事比較能吸引你啊,我的朋友。」馬松取笑說著。

「畢竟我還是比你年輕。」羅丹頂回去。

「好吧。不過這次不是什麼浪漫愛情故事。這個手鐲的主人是個肥胖又滿臉皺紋的女人,廢話多到讓我抓狂。曾經她很有錢,也算是好客戶,但後來災厄臨頭。她來找我借錢,想要培養兒子經商,說要讓兒子成為商隊的合夥人,騎著駱駝到各城市做買賣。

「沒想到對方是個無賴,趁那孩子熟睡時,把他留在舉目無親的異鄉,身上連半毛錢都沒有。或許這孩子長大後會有能力還錢,但在那之前,我可能連利息都拿不到。但我得承認,這珠寶比他們借的貸款還值錢。」

「這位夫人在借錢這件事上有問你的建議嗎？」

「完全沒有。她滿腦子只想著兒子會變成巴比倫最富有和最有權勢的人。如果說的話不符合她的期待，還會被她臭罵一頓。我就幹過這事。我知道把錢借給缺乏經驗的年輕人風險很大，但反正她拿出了價值不菲的擔保品，我也沒辦法拒絕她。」

「這個，」馬松揮舞著一條打結的繩索說：「這東西是駱駝商人內巴圖爾抵押的。當時他想買一批駱駝，但手邊的資金不夠，就帶著這條繩索來找我，我也借給他需要的金額。他是個聰明的生意人，我相信他的眼光，把錢借給他我很放心。巴比倫的商人多數都很有信譽，我對他們很有信心。他們通常很快就能把抵押品贖回。好的商人是巴比倫的資產，如果能幫助他們進行交易，促進當地繁榮，對我來說也是一件好事。」

馬松拿起一隻用綠松石雕刻而成的甲蟲，不屑地扔在地上，說：「這是一種來自埃及的蟲子，借錢的人根本不在乎能不能還錢。有一次我去找他要錢時，他竟然回答說：『我已經夠倒楣了，哪還有錢還你？反正你也不差這點錢。』你說我怎麼辦?那抵押品還是他父親的。他父親在當地頗有聲望,小有財產,也把自己的土地和牲口都拿來做擔保,支持他兒子的事業。這年輕人一開始做得還不錯,但眼高手低,一心只想賺大錢,卻沒有足夠的知識和經驗,最後生意也倒了。

「年輕人總有雄心壯志,但也總想著一夕致富、快速得到自己想要的事物。為了迅速致富,年輕人經常衝動借錢。但缺乏經驗的他們,意識不到無法償還的債務就像是無底洞,會把他們迅速拉進深淵,想翻身都很困難。在痛苦和後悔的深淵中就是暗無天日,晚上都輾轉難眠。我不是不鼓勵借錢,我是支持的,但借錢要有明智且清楚的目的。我第一次做生意成功的資金就是借來的。

「在這種情況下,你說我該怎麼做?這個年輕人陷入絕望又一事無成,灰心喪氣之餘,無力也無心還錢。我也不忍心真的拿走他父親的土地和牲口。」

「你說了許多有趣的事情,」羅丹冒昧地說:「但你還是沒回答我的問題。我該把我的五十枚金幣借給我姊夫嗎?他們是我很重要的親人。」

「你姊姊是個好女人,我非常尊敬她。但如果她丈夫來找我借錢,我會問他要如何運用這筆錢。

「如果他說想跟我一樣成為商人，做些珠寶和高級織品的買賣，我會問他：『你對做生意了解多少？你知道要在哪裡進貨的成本最低嗎？你知道要在哪裡才能賣出好價格嗎？』看看他是否能回答這些問題。」

「他肯定答不出來，」羅丹承認：「他之前在製矛方面幫我很多，也在一些店鋪工作過。」

「那麼，我就會告訴他，這不是一件明智之舉。商人必須對他做的那一行有所了解。雖然他有抱負是好事，但不切實際，所以我不會把錢借他。

「可是如果他說：『我幫許多商人做過事，我也知道要如何去士麥那，以低價購買當地家庭主婦編織的地毯。我也認識許多巴比倫的富人，可以把地毯賣給他們，賺取高額利潤。』那我就會對他說：『你的目標明確，壯志可嘉。如果你能給我一件擔保品作為會歸還這筆錢的保證，我就會很樂意把錢借你。』但他有可能會說：『我沒辦法提供任何東西做擔保，但你可以相信我的信譽，我一定會還錢。』那我會說：『每一塊錢對我都很重要。假如你在前往士麥那或帶回地毯的途中被搶，那你就還不出錢，我的錢也就打水漂了。』

「羅丹，你要知道，金錢就是錢莊老闆的商品。要把錢借出去很容易，但如果放貸不當，錢就很難收回。聰明的錢莊老闆不會想要承擔損失風險，而是希望得到安全還款的保證。」

「幫助陷入困境的人是好事，」他繼續說：「幫助被命運捉弄的人也是好事，幫助事業剛起步的人，讓他們成為有價值的人也是好事。但幫忙必須是明智的，不能像農夫的驢子一樣，想幫人到頭來卻把別人的問題變成自己的負擔。

「羅丹，回到你的問題，請聽好：留著你的五十枚金幣。那是你的勞動為你賺來的報酬，這是你的錢，你沒有義務分享給任何人，除非是你自願的。如果把錢借出去可以賺到更多的報酬，那請務必謹慎。我不喜歡把金錢呆呆地留在身邊，但我更不想冒險借給別人。」

「你做製矛這一行多少年了？」馬松問。

「整整三年。」羅丹答道。

「除了國王給你的賞賜外，你存下了多少錢？」

「三枚金幣。」

「你辛辛苦苦工作、省吃儉用，每年才能存下一枚金幣嗎？」

「正是如此。」

「也就是說，你可能還得再辛苦工作、繼續節儉度日五十年，才有可能省出五十枚金幣嗎？」

「可能得幹一輩子。」

「你覺得你姊姊真願意冒險，把你在青銅爐前辛辛苦苦工作五十年的積蓄拿出來，讓她丈夫嘗試做生意嗎？」

「如果照你所說，我想她應該不會。」

「那就去告訴她：『這三年來，除了齋戒日之外，我每天從早到晚辛苦工作，我克制著內心的慾望，這樣每年才能存下一枚金幣。妳是我最愛的姊姊，我也希望姊夫能有一番大事業。如果姊夫能提出一個能讓馬松點頭的可行計畫，那我就樂意把我一整年的積蓄都拿出來借他，讓他有機會證明自己可以成功。』你就按照我說的去做，如果他內心真想成功，他可以用行動證明。假如他失敗了，欠你的錢也不會還不清。

「我是借錢放債的，因為我擁有的金錢比拿出來做生意的數量還多。我希望用閒置的金錢為我工作，賺得更多的錢，但我不想把辛苦賺來、費心保護的錢拿去冒險。所以，如果我覺得不保險、錢可能收不回來，那我是絕不會借錢的。如果我借出去的錢不能迅速帶來利潤，我也不會借。

「羅丹，我已經告訴你不少關於這箱子的祕密了。從這些祕密中，你可以看到人性的弱點，以及在不確定償還能力的前提下，依然迫切想借錢的心情。你應該也看到了，如果有足夠的金錢，他們是有賺大錢的可能，但如果沒有能力或經驗，這一切就只是空想。

「羅丹，你現在有足夠的金錢能用來賺更多錢，你也將成為跟我一樣的錢莊老闆。如果你能妥善保護好財富，它會為你創造更多收入，在未來的日子裡，成為你快樂和收益的泉源。但如果你讓財富溜走，終生可能就會活在悔恨之中。

「你最想如何處理這筆錢呢？」

「好好保護它。」

「有道理。」馬松同意地回答：「你最看重的就是財產安全。你認為這筆錢在你姊夫手中，可以安全、免遭損失嗎？」

「恐怕不行。畢竟在這方面他沒那麼聰明。」

「那就不要犯蠢，不必認為自己有義務把錢借給任何人。如果你想幫助朋友或親人，大可用其他方法，不必拿財產冒險。別忘了，金錢都是以各種意想不到的方式從不會理財的人手中溜走。與其讓人幫你花掉，你還不如自己拿來揮霍。」

「保證金幣安全之後，你下一步要怎麼做？」馬松問。

「用它賺更多金幣。」羅丹答道。

「你又說對了。你應該要用這筆錢來獲取更大利益，使它增值成長。用聰明的方法把金幣借給對的人，在你變老之前，財富可能就翻倍了。但如果你拿它冒險，也可能會失去所有。

「因此，不要被那些不切實際、異想天開的計畫所影響，那些人以為借到黃金就可以賺大錢，這些都是白日夢。他們不懂安全可靠的交易方式。謹慎評估你所預期要得到的回報，如此一來才能保住並享用你的財富。想要靠借出金錢快速致富只會招致損失。

「與成功的人和店家建立關係，在他們的智慧和指導下，你可以放心地去賺取更多財富。

「如此一來，你不必走別人走過的錯路，還能成為上天眷顧、賜予財富的對象。」

正當羅丹要對他表示感謝時，馬松表示不必，說：「國王的賞賜教會你許多智慧。如果要保住這五十枚金幣，你就必須謹慎行事。你可能會想出許多用途，有人會給你許多建議，甚至會出現許多無數獲利的機會，但我那口箱子背後的故事也是給你一種警示，在你拿出任何一枚金幣時，你必須確保能安全收回。之後如果你還需要任何建議，歡迎隨時回來找我。我很樂意跟你分享。」

「在你離開之前，請仔細看看我刻在箱蓋底下的話，這句話同時適用於借款人和錢莊老闆：

寧可多一分謹慎，也不要深深的悔恨。

第七章

巴比倫的護城牆

老班扎爾是一名冷峻果敢的戰士，此時正守衛著通往巴比倫古城牆的通道。在城牆上，英勇的將士們守護著這座城市。這座偉大城市的存亡及數十萬居民的安危全繫在他們身上。

城牆外傳來敵軍進攻的嘶吼聲，數千匹戰馬呼嘯而來，青銅城門上還有震耳欲聾的撞門聲。

長矛兵埋伏在城門後方的街道上，一旦敵軍破城而入，他們必須在此攔截，阻止敵人深入。這是一場以寡擊眾的對峙。巴比倫的主力軍隊正與國王在東方遠征，對抗埃蘭人。這座城市沒料到會在兵力空虛之際遭到亞述軍隊從北方襲擊。現在他們必須守住城牆，否則巴比倫注定要滅亡了。

在班扎爾附近有一群村民，個個臉色發白、驚慌失措，迫切想知道最新戰況。但看到傷員和屍體接連被抬進來或暫放在走道旁，現場漸漸沉寂下來。

這正是這場戰爭的關鍵點。圍城三天後，敵軍突朝城門及部分城牆猛攻。城牆上的守軍使用弓箭、火油擊退企圖從梯子爬上城牆的敵軍，對已經爬上來的，就直接以長矛刺殺。數千名敵軍的弓箭也如落雨般地朝守城士兵射來。

老班扎爾站在制高點，他最接近交戰區，因此能第一時間知道最新戰況。

一位年邁的商人擠到他身邊，他麻痺的雙手顫抖著。「請告訴我！請告訴我！他們不會攻打進來，」老人乞求著。「我的兒子們都跟國王出征了，沒人能保護我年邁的妻子。他們會搶走我的所有東西，也不會給我留下任何食物。我們已經老到沒辦法保護自己，想當奴隸都沒資格了。我們會捱餓至死。拜託你們告訴我，他們不會攻打進來。」

「您老冷靜點，」衛兵回答：「巴比倫的城牆固若金湯，您回去告訴您的妻子，這座城牆會像保護國王的財產一樣，保護好你們的生命和財產。記得要往城牆邊靠近一些，免得被亂箭射到！」

老商人離開後，一名抱著嬰兒的女子上前，問道：「長官，上面有什麼消息嗎？請告訴我實話，我好讓我那可憐的丈夫安心。他身受重傷發著高燒，但依然堅持穿上盔甲、手持長矛保護我和孩子，他擔心一旦敵軍破城後會展開報復。」

「心地善良的這位母親啊，我要再次強調，巴比倫高聳堅固的城牆會保護好你和孩子。聽到那聲聲的哀嚎了嗎？那是我軍將熱油潑灑到敵人身上的勝利之聲。」

「我聽見了。但我還聽到敵人撞擊城門的轟隆聲。」

「回到你丈夫身邊，告訴他城門很堅固，絕對可以抵擋敵軍入侵。還有那些試圖爬上城牆的人，鋒利長矛就在上面等著他們。回家的路上要小心，最好躲到那些建築後方。」

班扎爾往旁邊站，將路讓給全副武裝的援兵。當戰士們手持青銅盾牌、踏著沉重的步伐前進時，有個小女孩拉了班扎爾的腰帶。

「士兵伯伯，請告訴我，我們安全嗎？」她懇求著說。「我聽到了可怕的聲音，大家都在流血，我好害怕。我們家、我媽媽、弟弟和寶寶會怎麼樣？」

冷峻的老兵眨了眨眼，看著這孩子。

「小朋友，別害怕，」他向孩子保證：「巴比倫的城牆會保護妳和媽媽，也會保護弟弟和小寶寶。一百多年前，賢明的王后沙米拉姆就是為了保護子民而修建了這座城牆，而且自建成後，從來沒有被破城的紀錄。回家去吧，告訴所有家人，巴比倫的城牆會保護大家，不用害怕。」

老班扎爾日復一日地堅守崗位，看著援軍在通道上集結排成一列，他們會堅守到最後，直至受傷或戰死。他周圍不斷擠滿著恐慌的民眾，急切地想知道城牆是否能守住。他以老兵的軍人精神一遍又一遍地回答所有人：「巴比倫的城牆會保護你們的。」

戰事持續了三週又五天，攻擊幾乎不停。班扎爾的臉龐日漸消瘦，身後的通道早已被傷者的鮮血染紅，前仆後繼的士兵腳下已分不清是泥是血。每個白天，敵軍屍體在牆邊堆積如山；每個夜晚，都有同胞把我軍屍體趁夜色拉回埋葬。

到了第四週的第五夜，喧囂聲不減。曙光升起時，撤退的軍隊揚起大片塵土。

守城士兵響起歡呼聲，這其中的含意不言而喻。城牆裡的援軍也跟著歡呼，伴隨著街頭巷尾的市民也止不住激動，勝利的狂歡橫掃整座城市。

人們從屋裡衝出來，街道上擠滿激動的人群，壓抑數週的恐懼終於在狂喜的歡樂聲中得到釋放。貝爾神廟的高塔燃起勝利的火焰，藍色的煙柱直衝雲霄，把勝利的捷報傳向遠方各地。

巴比倫的城牆再次將企圖洗劫財富、奴役百姓的敵軍阻擋於城外。

數百年來，巴比倫正是因為受到**全面保護**，方能屹立不倒，否則它也承受不住一次又一次的進攻。

巴比倫的城牆就是人們需要保護、渴望保護的最佳範例。慾望是人類的天性，古今亦然，但我們已經發展出更廣泛、更美好的計畫來實現相同的目標。

時至今日，在保險、儲蓄和可靠投資的保護下，我們可以守住財產，預防隨時可能發生的意外。

我們需要足夠的保護。

第八章

從奴隸變成駱駝富商

一個人越餓，腦袋就會越清醒，對食物的香氣也越敏感。

阿茲莫的兒子塔卡特對此深信不疑。他整整兩天沒進食了，除了兩顆從隔壁花園偷來的小無花果，本來還能再摘一顆，不過隔壁憤怒的女人衝出來，追著他滿街跑。他穿過市集時，看到市場攤販的誘人水果，他的手又不安分了，但耳邊還迴盪著剛才那女人的尖叫嘶吼聲，於是他打消了順手牽羊的念頭。

在這之前，他從沒意識到巴比倫裡有這麼多食物，而且香味特別誘人。離開市集後，他經過一間小旅館，在餐館前徘徊。或許能在這裡遇見認識的人，一個能借他一枚銅幣的人。如果能借到銅幣，或許旅館老闆冷漠的臉上會擠出笑容。他知道口袋沒錢的人有多麼不受歡迎。

就在他胡思亂想的時候，一個他最不想見到的人出現了，那就是高高瘦瘦的駱駝商人達巴希爾。在他所有的債主中，他最不想面對的就是達巴希爾，因為他無法按照承諾及時還錢。

達巴希爾看到他時，眼睛都亮了，說：「哈！這不就是我一直在找的塔卡特嗎？一個月前我借了他兩枚銅幣，更早之前還借過他一枚銀幣，我一直在等他還錢呢！這真是踏破鐵鞋無覓處，該還錢了吧？我等著用這筆錢呢。你說呢？」

塔卡特結結巴巴，滿臉通紅。肚子空空的他，完全沒力氣跟能言善道的達巴希爾爭辯。「很抱歉，真的很抱歉，」他囁嚅著：「但今天我真的半分錢都沒有。」

「那就趕緊想辦法啊，」達巴希爾堅持說道：「想辦法去賺錢來還給你父親的老朋友，他可是在你最需要的時候慷慨地伸出援手呢！」

「我最近真的運氣很差，真的還不出來。」

「運氣差？不要自己無能，還怪諸神不保佑。只想借錢不想還錢的人，運氣永遠不會好。小子，我餓了，跟我來吧，我邊吃邊告訴你個故事。」

達巴希爾的一針見血讓塔卡特有些退縮，還是跟著他去，至少這是在邀請他進入他垂涎已久的餐館。

達巴希爾直接把他推進餐館最裡面的角落，兩人坐在小地毯上。

當店家考斯科爾滿臉笑意地走來，達巴希爾以一貫隨興的口氣說：「你這隻沙漠胖蜥蜴，給我來條肥嫩多汁的山羊腿，還要麵包和各種蔬菜，我餓死了，有什麼全端上來。還有啊，別忘了我的朋友，天氣炎熱，就給他一壺冷水吧。」

塔卡特心涼了半截，難道他就坐在這裡喝水，看著旁邊這人吃羊腿嗎？他一語不發，畢竟他也不知說什麼才好。

但達巴希爾的字典裡沒有沉默二字。他朝著店裡其他客人微笑揮手致意，現場沒人不認識他。他接著說。

「我聽一個剛自烏爾法回來的旅人說，在那個地方有個有錢人，他手中有一塊切得非常薄的石頭，薄到可以透光。他拿這種石片當窗戶用，用來擋住雨水不潑進來。據那人說，這石頭是黃色的，有一次富翁讓他親眼透過石片看外面的世界，一切都變得非常不同。塔卡特，對此你怎麼看？你能想像一個顏色完全不同的世界嗎？」

「很難說，」年輕人回答，他對達巴希爾面前的肥羊腿更感興趣。

「好吧，我知道這是真的，因為我看過一個與真實世界顏色完全不同的世界，而我接下來要說的故事，就是關於我如何再次看到原來正確的顏色。」

「達巴希爾要說故事了，」鄰桌的人低聲相互交談，然後把坐墊挪了過去。其他用餐的人也端起食物圍在達巴希爾身邊。他們在塔卡特面前啃著肉骨頭，嘰嘰喳喳一陣騷動。塔卡特是現場唯一一位沒有食物的人，達巴希爾也不打算把食物分給他，甚至連掉在盤子上的麵包屑都二話不說地直接撥到地上，連渣都不給他。

「我接下來要說的故事，」達巴希爾開口說了一句話後就停下來，咬了一大口羊腿：「是關於我早年的生活，以及我是怎麼變成駱駝商人的。在場有人知道我早年曾在敘利亞當過奴隸嗎？」

現場一陣騷動，這完全在達巴希爾的意料之中，他很滿意這效果。

達巴希爾又大大咬了一口羊腿後，開始說起他的故事：

我年輕時跟著父親學手藝，學習如何製作馬鞍。我在他的店裡工作，也娶了妻子。但當時我還年輕，手藝又不夠純熟，就算有收入也不多，只夠維持夫妻二個人的基本開銷。我渴望著自己負擔不起的好東西。沒多久，我發現有些店家願意相信我，即使我當下付不出錢來，他們卻願意讓我先把東西拿走，之後再把錢補上。

當時年輕又沒經驗的我並不知道，一個透支的人就是讓自己陷於不必要的放縱之中，面對麻煩和羞辱也只是遲早的事。我大肆地添購華服，還為妻子和家裡購置大量奢侈品，完全超出我們的經濟能力。

一開始我還能照常付款，但後來我發現，要靠收入同時維持生活開銷和償還債務是不可能的。讓我賒欠的店家紛紛上門向我討債，我的生活從天堂掉進了地獄。我轉向朋友借錢，但最後也還不出來。事情愈來愈糟糕，我的妻子只好投靠娘家了，我也決定離開巴比倫，到另一個適合年輕人發展的城市尋求更好的機會。

我為駱駝商隊工作了兩年，那段時間忙忙碌碌、顛沛流離，但也一無所成。之後，我加入了一夥強盜，專門對沙漠中手無寸鐵的駱駝商隊下手。我知道這種行為丟盡了父親的臉，但我那時候就是透過一塊有色的石頭看到了另一個全新世界，只是當下沒意識到自己的沉淪。

我們第一次下手就成功了，奪取了大量的黃金、絲綢和貴重商品，然後帶著戰利品到吉尼爾揮霍殆盡。

第二次就沒那麼幸運了。我們才剛得手，就被商隊僱傭的衛兵襲擊了，我們兩個強盜頭目被殺死，剩下的人都被抓到大馬士革，被扒光衣服帶到市場上當奴隸出售。

一位敘利亞的沙漠酋長用兩枚銀幣買下我。我的頭髮被剃光，身上僅裹著一條腰布，看起來跟其他奴隸沒兩樣。年輕魯莽的我，一開始只當這是一次冒險之旅，沒想到回家後，主人把我帶到他的四個妻子面前，說要把我閹了，用來服侍她們。

當下我就意識到自己的處境有多絕望了。這些沙漠中的人凶猛好戰，沒有武器也無路可逃的我，只能任憑他們宰割。

那四個女人上下打量著我，我害怕極了，心想她們是否能對我有一絲絲的同情。酋長最大的老婆席拉年紀看起來明顯比其他人年長，看我時臉上毫無表情，我只好絕望地轉頭看向她旁邊的女人。

那名女子神情傲慢，眼神冷漠，看我的眼神就跟看地上的蟲子沒兩樣。剩下兩個年紀較輕的女人則是在一旁偷笑，就像是在看笑話一樣。

我彷彿站了一世紀之久，顯然大家都在等別人做決定。最後，席拉冰冷的聲音傳來。

「我們已經有夠多閹人了，但能照顧駱駝的沒幾個，而且還都是些不中用的傢伙。像今天，我母親病了，我打算去看她，可卻找不到一個能信任的奴隸幫我牽駱駝。問問這傢伙會不會帶駱駝吧。」

於是主人問我：「你對駱駝了解多少？」

我極力隱藏內心的渴望，故作平靜地回答說：「我可以讓駱駝跪下，可以讓牠們馱貨，還能帶著牠們長途跋涉而不累壞牠們。有必要時，還能修整駝上的鞍具。」

「這奴隸說得夠多了，」主人說：「席拉，如果妳要，就讓他幫妳牽駱駝吧。」

「於是我成了席拉的奴隸，當天就牽著駱駝帶她到遠方探望生病的母親。我也藉此機會感謝她為我說話，並告訴她我並非一出生就是奴隸，我父親是個自由人，是巴比倫受人尊敬的鞍匠，還說了許多關於我的事情。但她的反應讓我無以應對，事後我也反覆思考她說的話。

「是你的軟弱無能把你帶到今天這個地步，你怎麼好意思說自己是個自由人？如果一個人內心是個奴隸，不管出身如何，他就是奴隸，就像水只會往低處流。如果一個人的靈魂是自由的，哪怕遭逢變故，他在自己的家鄉依然能受到尊重，不是嗎？」

我當了一年的奴隸，跟奴隸生活在一起，但我不覺得自己就是奴隸。有一天，席拉問我：「其他奴隸都在一起說說笑笑打成一片，你為什麼獨自坐在帳篷裡？」

對此，我回答她：「我一直在想您那天說的話。我想知道我內心裡是不是就是個奴隸。所以我得自己靜靜，不想加入他們。」

「我也必須一個人待著，」她坦白說：「主人是因為我的龐大嫁妝才娶我，但他並不想要我。每個女人都渴望被愛，但他不愛我，我又無一兒半女的，所以也只能獨自一人。如果我是個男人，我情願去死也不願當奴隸，但這個部落的習俗，女人就是奴隸。」

「所以妳現在怎麼看我？」我突然問她。「我的靈魂是自由人還是奴隸？」

「你有想過要還清在巴比倫欠下的債務嗎？」她反問我。

「我當然想，但我做不到。」

「如果你要一直虛度時光，讓時間從你手中溜走，不努力想辦法還債，那你注定就是奴隸的靈魂。一個不尊重自己的人，別人也不可能尊重他；一個不踏踏實實清償債務的人，任誰都不會尊重他。」

「但我只是一個敘利亞人的奴隸，我能怎麼樣？」

「那你就繼續留在敘利亞當奴隸吧，懦夫！」

「我不是懦夫！」我大聲否認。

「那你證明啊。」

「怎麼證明？」

「你們偉大的國王不是用盡各種辦法、動用所有力量防禦外敵嗎？債務就是你的敵人，你就是因此才離鄉背井，但你把債務留在巴比倫，那債務只會越來越龐大。像個男人去戰鬥吧！你本來可以戰勝債務，得到鄰里尊重，但你卻無心作戰，只選擇眼睜睜地看著自己的驕傲消失，淪落到敘利亞為奴。」

我反覆思索著她那毫不留情的指控，縱使我內心有千言萬語證明自己的內心並非奴隸，但始終沒說出口。三天後，席拉的女僕把我帶到她面前。

「我母親的病情又加重了，」她說：「快從我丈夫的駱駝群中挑兩頭最好的駱駝，裝上這一路需要的水袋和鞍具，女僕會從廚帳中拿些食物給你，一起帶上。」我打點好一切裝在駱駝上，心想女僕準備的東西是不是太多了，畢竟席拉母親的家距離此地不到一天的路程。我牽著女主人的駱駝走在前面，女僕騎著駱駝跟隨在後。抵達席拉母親家時天色已晚，她遣退女傭後對我說：

「達巴希爾，你的靈魂是自由人還是奴隸？」

「自由人。」我堅定地回答。

「現在有個機會讓你證明。你主人今晚已經喝到不省人事，他手底下的人也醉醺醺的，你換上袋子裡主人的衣服，帶著駱駝趕緊逃吧。我會說你是趁我看望生病的母親時偷了駱駝逃跑的。」

「妳有著跟王后一樣高貴的靈魂，」我對她說：「我會給妳幸福，跟我走吧。」

她告訴我：「一個有夫之婦跟別的男人私奔，在遙遠的地方舉目無親，是不會有幸福可言的。快走吧，路途遙遠，沒水沒食物的，願沙漠諸神護佑你。」

我不再勉強她。發自內心感謝她之後，我便轉身離開，一直走到深夜。我對這陌生國度一無所知，對巴比倫的方向也只有個模糊概念，但我依然憑藉著勇氣穿越沙漠，朝著山丘挺進。我騎著一頭駱駝，手裡還牽著另一頭，一夜一日都不敢停下腳步，因為我知道偷走主人東西還試圖逃跑的奴隸會有什麼下場，想到那悲慘的命運就讓我害怕，那份恐懼驅使著我不停前進。

隔天傍晚，我到了一處如沙漠般荒涼的崎嶇之地，尖銳粗糙的岩石摩擦著駱駝的蹄，沒多久速度就慢了下來，駱駝顯得疼痛不堪。在這前不著村後不著店的地方，連隻野獸都看不到，更別說人類了。我終於明白為什麼大家都要繞開這塊荒地。

能活著離開這裡的人屈指可數。我們日復一日的跋涉，沿途陽光炙熱無情，食物跟水都已耗盡。第九天晚上，我滑落山坡，完全沒力氣爬上去，我虛弱到覺得自己會死在這片寸草不生的荒野。

我倒在地上沉沉睡去，第二天在清晨的曙光照射下才醒來。

我坐著環顧四周，清晨的空氣涼爽，駱駝疲憊地趴在不遠處，周圍一片荒涼，放眼望去全是岩石、砂礫和荊棘，沒有水，也沒有食物的跡象。

我會不會就在這裡安靜地結束了一生？我的內心出現了前所未有的清醒，身體似乎不再那麼重要了。我那裂開滲血的嘴唇、乾燥腫脹的舌頭，還有空空蕩蕩的胃，此時似乎都不再像前一日那般劇痛難忍。

我看著令人望之生怯的遠方，再一次問自己：「我究竟是自由人的靈魂，還是奴隸的靈魂？」然後我清楚意識到，如果是奴隸的靈魂，我就該放棄，躺在沙漠中靜靜等待死亡，對一個逃跑的奴隸來說，這就是應得的結局。

但如果是自由人的靈魂，那我又該如何？我一定會想盡辦法回到巴比倫，把錢還給當初信任我、借我錢的人，讓真心愛我的妻子幸福，讓雙親安心與滿足。

席拉曾對我說過：「債務就是你的敵人，是債務讓你離開巴比倫。」她說得沒錯。那我為什麼不能像個真正的男人堅守陣地？為什麼眼睜睜地看著妻子投靠娘家，回去尋求她父親的庇護？

接著，神奇的事情發生了。之前我透過有色石頭看到的世界突然消失了，整個世界變成了另一種截然不同的顏色。至少，我看到了生命的真正價值。

我不要死在沙漠裡！在這個全新的視野中，我看到自己必須做的事情。第一件事就是回到巴比倫，面對所有債主。我要讓他們知道，在外漂泊多年、經歷種種苦難的我，決定要回來用最大的努力、最快的速度清償所有債務。接下來，我要為妻子建立一個家，成為一個讓父母驕傲的兒子。

債務是我的敵人，但債主是曾經信任我、相信我的朋友。

我搖搖晃晃地站了起來。飢餓又如何？口渴又如何？這些只不過是我重回巴比倫路上的插曲。我內心湧現出自由人的靈魂，一心只想回去征服敵人、還清債務。我的內心激動不已。

聽到我沙啞聲中的動力，駱駝原本呆滯的眼神也為之一亮。牠們用盡全力，經過多次嘗試終於重新站起來，我們堅定地朝北方出發。內心裡有個聲音告訴我，我一定會重新回到巴比倫。

我們終於找到了水，經過一塊比較肥沃的土地，那裡有青草和水果，我們還找到通往巴比倫的小路。對自由人的靈魂而言，生活就是要解決一連串的問題，但奴隸的靈魂只會嘟囔著：「我就是個奴隸，還能怎麼辦？」

我本來不是奴隸，是因爲在巴比倫欠了債，跑路後才淪落爲奴……
是你的軟弱無能把你帶到今天這個地步。
你有想過要還清在巴比倫欠下的債務嗎？
但我現在只是一個敘利亞人的奴隸，我能怎麼樣？
懦夫！
債務就是你的敵人。你把債務留在巴比倫，只會越來越龐大。
一個不尊重自己的人，別人也不可能尊重他。
我問你，你的靈魂是自由人還是奴隸？
……！
我是自由人。
那好。達巴希爾，證明你自己！換上主人的衣服、帶著駱駝趕緊逃吧。
我不要死在沙漠裡！
我要回到巴比倫，面對所有債主。要用最大的努力、最快的速度清償所有債務。

「塔卡特，你覺得呢？空空的肚子有沒有讓你腦袋清醒些？你準備好要找回自尊了嗎？你能看清世界的真實面貌嗎？無論你欠下多少錢，你有沒有想過要好好還債，並且重新得到大家的尊重呢？」

年輕的塔卡特眼眶濕了，他激動地挺直身體跪在地上。「您讓我看到了新的世界。我可以感受到自由人的靈魂在我內心湧動。」

「你回到巴比倫之後，發生什麼事呢？」一位對他故事非常感興趣的聽眾問。

「正所謂有志者，事竟成，」達巴希爾回答：「我下定決心一定要找出解決問題的辦法。第一步就是去拜訪每一個我欠錢的債主，乞求他們的原諒，寬限我一段時間，讓我想辦法賺錢還他們。大部分的朋友都很高興見到我，雖然有些人對我不諒解，但也有人願意伸出援手，其中一個幫助我的人，就是錢莊老闆馬松。他得知我在敘利亞時有看管駱駝的經驗，就讓我去找駱駝商人老內巴圖爾，當時內巴圖爾剛接受國王委託，為遠征購入了大批強壯的駱駝。跟著他辦事，我對駱駝的知識就能派上用場。漸漸地，我償還了欠下的每一分錢，最後終於能抬頭挺胸地過日子，覺得自己也算是一個值得尊敬的人了。」

達巴希爾再次看著食物。「考斯科爾，你是蝸牛嗎！」他朝廚房大吼：「食物都涼了。趕緊把剛烤好的肉端上來。順便也給我老朋友的兒子塔卡特來一份，他餓壞了，就讓他跟我一起吃吧。」

古巴比倫駱駝商人達巴希爾的故事就到此告一段落了。當他找到古人早已洞悉且落實運用的真理時，同時也找到了自己的靈魂。

這條真理引導人們走出困境、邁向成功，並且會持續為能領悟其智慧的人帶來神奇力量。人人都應該記住這句話：

有志者，事竟成。

第九章

巴比倫泥板的智慧

日期：一九三四年十月二十一日
寄件人：諾丁漢，特倫特河畔紐瓦克，諾丁漢大學，聖斯威辛學院
收件人：美索不達米亞，希拉城，英國科學考察隊，富蘭克林·考德威爾教授

親愛的教授：

您日前從巴比倫遺跡中挖掘出的五塊泥板及您的來信件已隨船送達。這些東西深深吸引著我，同時投入大量時間翻譯其中文字，我也很享受鑽研的過程。我本應在收到東西時隨即回信給您，但最後決定還是等到泥板翻譯完成，並將結果隨信附上。

多虧您的妥善保存與精心包裝，寄來的泥板完好無損。

在您看完泥版上的故事後，一定會跟我們實驗室同事一樣驚訝。大家原以爲這段朦朧而遙遠的歷史，會敘說如《一千零一夜》這類的浪漫冒險傳奇，結果沒想到這是關於一個名叫達巴希爾的人如何清償債務的故事。我們更沒想到的是，時隔五千年後，當我們回頭看當時在古老社會發生的事情，才發現這世界的變化

並未如想像中巨大。

用學生的話來說，這些古老的文字莫不是在「耍」我們嗎？您知道的，這感覺很詭異。身爲大學教授，我應該是個有思想、有見識，具備多學科知識的專家。但這幾塊從古巴比倫遺跡中挖出來年代久遠的泥板，卻記載著我從來沒聽過的還債方式，而且還債的同時竟還能增加積蓄。

但我想說的是，泥板上的思路非常有趣，我也想證明當年古巴比倫管用的方法在今日的社會裡是否依然有效？我和妻子準備以自己做實驗，把泥板上的方法用在我們的個人生活中，看看是否能有所改善。

祝福您的挖掘工作順利進行，也期待能再有幫得上忙的機會。

考古學系阿爾佛雷德·H·什魯斯伯里 敬上

第一塊泥板

此刻正值月圓，我，達巴希爾，剛結束在敘利亞為奴的日子。我下定決心要清償債務，在故鄉巴比倫成為一個值得眾人尊敬的有錢人。在此，我要將這些事情刻下、永久保存，以此指引、幫助我實現內心最深切的願望。

我的好友馬松是一位錢莊老闆，在他的明智建議下，我決心要遵照他所說的計畫，希望從此遠離債務，重新獲得財富，找回自尊。

這項計畫有三大目標，也是我想看到的結果。

首先，這項計畫會為我提供未來的財富。

我決定存下十分之一的收入。因為馬松說的話頗有道理：

「一個能把用不到的錢存下的人，不僅會對家人好，也會對國王忠誠。

「一個人的錢包裡如果只有一點錢，不僅是對家人的不負責任，對國王來說也是不夠盡心盡力。

「一個人的錢包裡如果一無所有，不只是對家人的無情，也是對國王的不忠，自己內心也是痛苦的。

「所以，如果一個人要有所成就，就必須讓錢包叮噹作響、裝滿錢幣，如此一來也能使他心中充滿對家人的愛和對國王的忠誠。」

第二，這項計畫要讓我能將妻子從娘家接回來，照顧好重新回到我身邊的妻子，讓她衣食無憂。正如馬松所言，一個能照顧好妻子的男人，心中必能充滿自尊，也更有動力和決心去實現目標。

因此，我要用十分之七的收入來養家，添購衣服食物及支付額外開銷，讓生活不乏歡樂與享受。但馬松也提醒說，如果要實現目標，生活花費最多不能超過十分之七，這也是這項計畫能否成功的關鍵。我必須嚴格按照預算生活，絕不透支，更不能拿這十分之七以外的錢來購買任何東西。

第二塊泥板

第三，這項計畫能讓我用收入來還清債務。因此，每到月圓之時，我必須將收入的十分之二進行公平的分配，把錢還給曾經信任我的債主們。如此一來，我遲早能還清所有債務。

我在此如實刻下所有債主之名及欠款金額。

法魯，織布師傅：兩枚銀幣，六枚銅幣。
辛加，椅匠：一枚銀幣。
哈瑪爾，朋友：三枚銀幣，一枚銅幣。
贊卡爾，朋友：四枚銀幣，七枚銅幣。
阿斯卡米爾，朋友：一枚銀幣，三枚銅幣。

哈瑞斯爾，珠寶商：六枚銀幣，四枚銅幣。
迪阿貝克爾，父親友人：四枚銀幣，一枚銅幣。
奧卡達，房東：十四枚銀幣。
馬松，錢莊老闆：九枚銀幣。
拜瑞嘉卡，農夫：一枚銀幣，七枚銅幣。
（以下內容模糊，無法判讀。）

第三塊泥板

我總共欠下一百一十九枚銀幣及一百四十一枚銅幣。曾經我因為無力償還這龐大債務，愚蠢地讓妻子回娘家投靠父親，自己選擇離鄉背井，想到外地賺快錢，結果錢沒賺著，反而還把自己賠進去，淪落為奴。

如今，馬松教會我如何利用一小部分收入來償還債務，至此我才意識到先前因為揮霍而遠走他鄉的逃避行為有多麼愚蠢。

因此，我向債主一一解釋，目前的我雖然什麼都沒有，但我有工作賺錢的能力，我也會固定把收入的十分之二用來平均還債。我現在就只有這麼多錢能還債。如果他們能給我一點時間，我一定會還清所有欠款。

好友哈瑪爾痛罵我一頓，我只能羞愧地離開。農夫拜瑞嘉卡拜託我先把錢還他，因為他有急用。房東奧卡達非常不友善，堅持如果我不用最快速度還清債務，他就要讓我好看。

其餘的人都接受了我的請求。因此，我下定決心一定要達成目標，深信還債一定比逃避容易。即便我無法滿足部分債主的要求，但我還是會公平地處理所有債務。

第四塊泥板

又到了滿月時分。這段期間，我一直以愉快的心態努力工作著，妻子也全力支持我早日還清債務。因為有明確的決心，在過去一個月裡，我為內巴圖爾買進一批健康強壯的駱駝，賺到了十九枚銀幣。

我必須按照計畫分配這筆錢。將十分之一存下，十分之七留給妻子作為家用，十分之二全換成了銅幣，平均還給債主。

我沒見到哈瑪爾，只能將錢交給他的妻子。拜瑞嘉卡高興地一直親我的手。只有老奧卡達不滿意，催著我盡快把錢還清。我只能告訴他，如果我衣食無缺，不用為生活發愁，我肯定會快點還清。其他人都讚賞了我的努力與誠意。

在月底時，我的債務減少了將近四枚銀幣，而且還多存了屬於我的兩枚銀幣。我心裡已經很久沒這麼輕鬆了。

又一個月過去了。這個月我同樣努力工作，但收效甚微。我買到的駱駝數量很少，只賺了十一枚銀幣。儘管如此，我和妻子仍堅持按照計畫行事。我們一件新衣服都沒買，也吃得很少，都以蔬果果腹居多。我們固定存下十分之一的錢，十分之七留作家用。雖然這個月能還的錢不多，但收到錢的哈瑪爾竟然誇讚了我一番，真是讓我意外。拜瑞嘉卡也很滿意。只有奧卡達勃然大怒，但當我說如果他看不上這筆小錢可以還給我時，他安靜了。其餘的債主跟之前一樣，都表示很滿意。

再次月圓時，我高興極了。我意外買到一大群品種優良的駱駝，賺了二十四枚銀幣。這個月我和妻子添了許多衣服和鞋子，也吃了肉來犒賞自己。

這個月還給債主超過八枚銀幣，就連奧卡達都不再嚷嚷了。

這項計畫最了不起之處在於不僅能擺脫債務，還能存下一筆財富。

距離我上一次刻寫這塊泥板已經過了三個月。每次月圓時我都存下了十分之一的收入。每個月無論賺多賺少，我和妻子都只用十分之七的費用生活。每一次都將十分之二的錢用來還債。

現在我已經存下了二十一枚銀幣。這筆錢讓我能抬頭挺胸走在街上，也能跟朋友平起平坐了。

妻子把家裡照顧得很好，我們也能穿上好衣服，日子越來越幸福。

這個計畫之所以無價，不就在於它能把曾經的奴隸變成一個受人尊敬的人嗎？

第五塊泥板

滿月的光輝再次灑落，我已經很久沒刻泥板了。十二個月過去了，但今天我一定要記錄下來，因為我終於還清最後一筆債務。這一天，我和妻子以感恩之心，好好享用了一頓大餐，慶祝我們終於實現目標。

在我最後一次拜訪債主們時發生的事情，讓我永遠難以忘記。哈瑪爾請求我原諒他當初刻薄的言語，並說我是他所有人中最想結交的朋友。

老奧卡達其實也沒那麼壞，因為他說：「以前的你就像扶不上牆的爛泥，任人搓圓捏扁，但現在的你是一塊有稜有角的青銅。如果以後你需要錢，隨時歡迎來找我。」

不僅他對我表示肯定，許多人在言談之間也顯露了敬意，就連妻子看我時眼中散發出的光芒，都讓我對自己充滿信心。

但我之所以能有今天，全是因為這個計畫。它讓我還清所有債務，還讓我的錢包飽滿。任何人如果想出人頭地，我非常推薦按照這計畫執行。如果它能幫助昔日的奴隸還清欠款並小有積蓄，難道還不能幫助一個人找回人生的自主權嗎？我的這個計畫還沒結束，但我相信只要堅持下去，總有一天我會變成世界上有錢人之一。

日期：一九三六年十一月七日
寄件人：諾丁漢，特倫特河畔紐瓦克，諾丁漢大學，聖斯威辛學院
收件人：美索不達米亞，希拉城，英國科學考察隊，富蘭克林·考德威爾教授

親愛的教授：

在您進一步挖掘古巴比倫的遺跡時，如果遇上了駱駝商人達巴希爾的幽魂，請幫我一個忙。請您告訴他，當年他刻在泥板上的文字，讓現在一對住在英格蘭的大學教授夫婦終生受益，對他更是深深感謝。

您或許還記得我一年前曾在信中提到，我和我妻子打算嘗試泥板上的方法，看能不能清償債務還順便累積財富。雖然我們不想讓朋友知道，但您可能已經猜到我當時有多窘迫。

多年來，我們因爲背負巨債而蒙羞度日，並且擔心如果有債主鬧事，我可能會被迫辭去教職。我們竭盡所能地在收入中把錢省下來拿去還債，但還是還不清，連日子都快過不下去。除此之外，我們還不得不從少數接受賒帳的商店購買東西，根本顧不上價格有多貴。

事情演變成惡性循環，情況越來越糟。我們再怎麼掙扎也徒勞無功。因爲還欠房東的錢，所以也不能搬去房租較便宜的地方。似乎沒有任何辦法能改善我們的困境。

就在此時，透過您的關係認識了這位來自古巴比倫的老駱駝商人，他留給我們一個計畫。這刻在泥板上的計畫，就是我們想要達成的目標。他鼓勵我們按照他的計畫行事。我們把所有債務列成清單，然後帶著清單去找每一位債主。

我告訴他們，按照目前情況，我很難還清所有債務。從清單上的數字，大家也看得出這項事實。我接著解釋說，我現在能想出的辦法，就是拿出我每個月百分之二十的收入，然後按比例分配，每個月還一點，預計兩年多就能把錢還清。同時，我們日常消費基礎都以現金爲主，也讓他們能收取現金。

他們眞的都是好人。果菜攤商是個聰明的老人，用一套說法幫我說服了其他人：「如果你用現金買東西，然後再用現金還債，這絕對比之前的做法好多了。過去三年你一直在賒帳。」

最後，我跟所有債主達成協議，只要我定期拿出百分之二十的收入還債，他們在這期間就不能再上門追討。接著我和妻子開始計畫要如何利用百分之七十的收入生活，並且把百分之十的收入存下來。一想到口袋裡能有錢，而且會越來越多，想想還是挺有誘惑力的。

這個改變就像一場冒險，我們也樂在其中。此外我們還發現，即便只能使用百分之七十的收入也能過舒適的生活。我們先從房租下手，設法合理減租。接下來，我們換掉了最喜歡的茶葉，雖然一開始有所猶豫，但卻意外發現能以更低的價格買到品質更好的茶葉。

我想說的事情太多了，信中無法一一詳述，但無論如何，我們證明了要做到泥板上的事情並不難。我們做到了，並且爲此感到開心。達巴希爾的方法幫助我們從此不必再背負過去的債務，眞的是如釋重負，讓人大大鬆了一口氣。

我還要說說那存下來的十分之一。我們確實存了一段時間。別笑我，您知道，這就是最輕鬆的部分。把不能花的錢存下來是一件非常令人愉快的事。相較於花錢所得到的快樂，看著這些儲蓄一天天增加更能讓人開心。

當累積到滿意的數字後，我們發現了一個更能有效利用這筆錢的方法。我們把這百分之十的收入用來投資，這也算是在我們重生過程中最讓人滿意的部分了。這是第一筆我們沒有使用支票所做的交易。

知道我們的投資穩定獲利會讓人有一種滿足的安全感。在我退休的那一天，這會是一筆可觀的數字，足以讓我們舒舒服服過上晚年生活。

這些都是我的額外收入。雖然很難相信，但確確實實發生了。我們的債務逐漸減少，同時投資獲利也在增加。除此之外，我們的財務狀況比之前改善許多。誰會知道按照財務計畫實行可以令生活變得這麼不一樣。

在明年底還清所有債務後，我們就有更多錢能拿來投資，而且還能去旅行。我們也下定決心，未來的生活開銷絕對不能超過收入的百分之七十。

現在您知道我們爲什麼要向那位老人表達感謝了吧。正是他刻在泥板上的計畫，幫助了我們「脫離苦海」。

他曾經歷過這一切，也清楚知道這種感覺，他希望自己的苦難經歷能對別人有所幫助。正因如此，他才會投入大量時間在泥板上刻下想傳遞的訊息。

無論是在當年的古巴比倫或是時下今日，對於面對類似困境之人，泥板上所傳遞的眞理同樣至關重要、歷時不變。

考古學系阿爾佛雷德·H·什魯斯伯里　敬上

第十章

巴比倫最幸運的人

騎在商隊最前方的是巴比倫的商業巨子沙魯那達，他的神情流露出一股難掩的驕傲。他總是穿金戴銀，喜歡華麗的長袍。他還喜歡品種純正的動物，經常一派輕鬆地騎著他那匹阿拉伯駿馬出門。單從外貌上來看，人們很難判斷出他的真實年齡，更不會想到他內心會經遭受過的苦難。

從大馬士革返回巴比倫的路途十分遙遠，途中穿越沙漠更是困難重重，但他一點都不擔心。阿拉伯的部落凶猛異常，而且經常半途搶劫商隊財物，這他也不怕，畢竟商隊有大批護衛隨行。

但真正讓他頭疼是他從大馬士革帶出來的哈丹古拉，這個年輕人是他多年合夥人阿拉德古拉的孫子，因為他覺得自己欠了阿拉德一份大恩情，便決定把他的孫子帶在身邊調教。但他越想幫忙，卻越不知道該從何做起。原因似乎就出在這個年輕人身上。

他看著年輕人身上的戒指和耳環，心想：「他以為這些珠寶是給男人戴的嗎？他有張跟他祖父一模一樣的臉，但他祖父可不會戴這些玩意兒。不過，既然我已經把他帶在身邊了，就希望有天能幫他開啟屬於自己的事業，也擺脫他父親敗光家產留下的爛攤子吧。」

哈丹古拉打斷了他的思緒，問說：「為什麼你還要這麼辛苦工作，跟著商隊走這麼遠的路？為什麼不把時間用來好好享受生活？」

沙魯那達笑著重複了他的問題，回答道：「享受生活？那假如你是我，你會如何享受生活？」

「如果我跟你一樣有錢，我會過著像王子般的生活，絕不會騎馬穿越炎熱的沙漠。有多少錢我就花多少錢，我會穿上最華麗的長袍，戴上最珍貴的珠寶。這就是我喜歡的生活，這樣的日子才有價值。」說完，兩人都笑了。

「你祖父從不戴這些東西，」沙魯那達脫口而出，接著開玩笑地表示：「這樣你還有時間工作嗎？」

「工作是奴隸做的事。」哈丹古拉回答。

沙魯那達咬著嘴脣，並沒有回答。兩人靜靜地騎馬向前，在小路的盡頭走上斜坡。他在這裡勒住馬，指著遠處的翠綠山谷說：「看看那座山谷，你隱約可以看到遠處巴比倫的城牆，那座高塔就是貝爾神廟。如果你眼力夠好，還能看到塔頂永恆之火燃燒的煙霧。」

「那就是巴比倫？我一直都想看看這座全世界最富有的城市長什麼樣子。」哈丹古拉說。「巴比倫是我祖父白手起家的地方。如果他還活著，也許我們不會過得這麼慘。」

「為什麼要指望祖父的靈魂留在不屬於他的年代裡呢？你和你的父親可以延續他的事業啊。」

「唉，我們兩個都沒有繼承他的天賦。我和父親都不知道他獲取財富的祕訣。」

沙魯那達沒有接話，他若有所思地騎馬沿著小路朝山谷方向前行，跟在他們身後的商隊揚起一片紅色沙塵。不久後，他們抵達了國王的大道，接著轉向南方，穿過大片有灌溉渠道的農田。

沙魯那達注意到正在耕田的三個老人，他們看起來莫名眼熟。這太荒謬了！四十年沒踏上這片土地的他，四十年後竟然在這裡看到同一群人在同樣的地方耕種。心裡有個聲音告訴他，就是這群人沒錯。其中一個已經連鋤頭都快拿不穩，另外兩個則搖搖晃晃地跟在牛後面揮鞭，但很明顯沒有任何作用。

四十年前的他還曾經非常羨慕這些人，甚至想跟他們交換身分！但現在情況完全不同了。他驕傲地回頭望向自己浩浩蕩蕩的商隊，還有精心挑選的駱駝和驢子駝著大批從大馬士革帶回來的貴重貨品。眼前的一切只不過是他一小部分的財產。

他指著那些耕地的老人說：「四十年前他們也是在這裡耕地的。」

「這些人看起來都差不多，你如何確定就是他們呢？」

「因為我就是在同樣的地方看到他們。」沙魯那達回答。

往事在他腦海裡一幕幕浮現。他為什麼不埋葬過去、活在當下呢？他彷彿看到一幅圖畫，阿拉德的微笑就出現在眼前。頓時，他跟身旁這憤世嫉俗的年輕人之間的隔閡消失了。

但他要如何才能幫助眼前這個珠光寶氣、把揮霍無度視為理所當然的年輕人呢？他可以為想工作的人提供工作機會，但對這種自視甚高、認為自己不需要工作的人，他似乎也無能為力。不過，阿拉德對他有恩，他必須全心回報。但眼前年輕人的作風跟他和阿拉德就不是一路人。

他腦中閃過一個念頭，但又有些遲疑。畢竟他應該優先考慮自己的家庭和身分。這個計畫很殘酷，也會造成傷害。但他當機立斷，不再猶豫，決定立刻採取行動。

「有沒有興趣聽聽你祖父的故事，想知道我們是怎樣一起合作賺錢的嗎？」沙魯那達問。

「你何不直接告訴我要怎樣才能賺大錢？我只需要知道這一點。」年輕人迴避了問題。

沙魯那達無視他的迴避，繼續說道：「當年我們也跟那些人一起耕田，那時候我差不多就是你現在這個年紀，比你再年輕一點。當時我們一排人有四個，跟著大家前進。老農夫梅吉多嘲笑年輕人懶散的耕作方式。當時梅吉多就被鐵鍊拴在我旁邊，說：『看看那些懶惰的傢伙，鋤田的人沒鋤深，趕牛的也不會趕，地都耕得那麼差，怎麼可能會有好收成？』」

「你是說梅吉多跟你被鐵鍊拴在一起？」哈丹古拉驚訝地問道。

「沒錯。我們每個人脖子上都戴著青銅做的項圈，然後用一條很重的鐵鍊串在一起。梅吉多旁邊的是偷羊賊札巴多，我是在哈倫時認識他的。隊伍的最後一個人我們都叫他海盜，因為他不告訴我們真名，但因為我們看到他胸前有個盤蛇刺青，這是水手喜歡的圖案，所以我們判斷他應該跟海脫離不了關係。我們就是這樣四人一列同時行進。」

「你曾經是被鍊住的奴隸？」哈丹古拉不敢置信地問道。

「你祖父沒告訴你，我之前曾是奴隸嗎？」

「他經常提到你，但卻從沒說過這件事。」

「他是一個值得信任的人，我可以放心地把祕密告訴他。我同樣也可以相信你，對嗎？」沙魯那達直視著哈丹古拉的眼睛問道。

「你放心，我一定守口如瓶。但我真的很訝異，你怎麼會變成奴隸？」

沙魯那達聳聳肩表示：「任何人都有可能發現自己本來就是個奴隸。我的災難就是從賭場和啤酒開始的。我因為哥哥的莽撞受到牽連。他在一次鬥毆中失手殺了他的朋友。我父親將我五花大綁，抵押給死者的遺孀作為賠償，只求放過我哥哥，讓他免受牢獄之災。後來我父親籌不到錢，無法把我贖回時，那女人氣得把我賣給了奴隸販子。」

「這也太無恥，太不公平了！」哈丹古拉義憤填膺地嚷著。「那你後來又如何重獲自由呢？」

「我會告訴你，但不是現在。先讓我把剛剛說的故事講完……」

就在我們四人經過剛才那塊田時，那些農夫嘲笑我們，其中一個還脫下破爛的帽子，彎腰大喊：「歡迎來到巴比倫，各位尊貴的客人。國王已經在城牆上準備好大餐，泥磚和洋蔥湯正在等候各位到來。」說完，這群人就止不住地狂笑。

海盜瞬間暴怒，對著他們一頓咒罵。我問他：「這些人說國王在城牆上等我們是什麼意思？」

「到城牆就是去搬磚的，搬到腰斷掉為止。不過可能你的腰還沒斷，就先被打死了。他們別想打我，我是不可能白白讓他們打的。

只要他們敢打我，我就殺了他們。」

梅吉多接著說：「主人沒理由打死心甘情願努力幹活的奴隸啊。主人都喜歡聽話的奴隸，乖乖聽話日子都會比較好過。」

「誰會想努力幹活？」札巴多說：「這些農夫很聰明，他們才不會真把自己累壞，頂多就是裝裝樣子。」

「偷懶的人不可能成功，」梅吉多不認同札巴多的話：「如果你耕種一公頃的田地，那就是認真工作的一天，主人會看見的。但如果你只耕了一半，那就是偷懶。我是不會偷懶的。我喜歡工作，喜歡把工作做好，工作是我最好的朋友，更為我帶來了許多好東西，包括我的農場、牛群和農作物，這些全都是努力工作換來的。」

「話雖如此，但現在那些東西在哪兒呢？」札巴多譏諷道：「我覺得還是要放聰明點，不用那麼賣命工作。學著點，如果我們被賣去城牆工作，我就會選擇提水或一些輕鬆的工作，而你這個喜歡工作的人，就負責搬磚搬到腰斷掉。」他沾沾自喜地說道。

那天晚上我輾轉難眠，籠罩在恐懼之中。其他人熟睡後，我偷偷挪到警戒線附近，設法引起第一班站崗的戈多佐注意。他是個阿拉伯人，曾經當過強盜，他凶殘的程度是那種搶了你的錢還會順便割斷你喉嚨。

「戈多佐，拜託你告訴我，」我低聲說：「到巴比倫之後，我們會被賣去城牆邊幹活嗎？」

「為什麼這麼問？」他謹慎地反問我。

「你真不知道嗎？」我懇求他：「我還年輕，我想活下去，我不想一直當奴隸，甚至還可能直接被打死在城牆邊。能不能幫我想個辦法，讓我跟個好主人？」

他小聲告訴我：「我可以告訴你，不過你最好別給我惹麻煩。通常我們會先去奴隸市集。注意聽，當買家出現時，告訴他們你很會幹活，喜歡為好主人努力工作，讓他們願意買下你。如果沒人買你，隔天你就得去搬磚了，會累死你。」

他離開後，我躺在暖暖的沙地上仰望星空，思考著下一步。梅吉多說工作是他的好朋友，這也不禁讓我開始思考，我是不是也能讓工作當我的好朋友呢？如果它能幫我脫離苦海，我肯定就當它是朋友。

梅吉多醒來後，我偷偷告訴他這個好消息。這是我們前往巴比倫路上的一線希望。午後，我們已經能遠遠看見城牆，只見成排奴隸像黑壓壓的螞蟻在陡峭的斜坡上上下下，一刻不停閒地幹活。當我們靠近些後，驚訝地發現竟然有數千人在此處工作，有些人挖護城河，有的負責把沙土混入泥磚，但大多數人都是背著裝滿磚塊的大籃子，沿著陡路把它們背上城牆交給石匠。[1]

* * *

1 作者註：古巴比倫的著名建築，包括城牆、寺廟、空中花園和運河，都是由奴隸所建，且大部分是戰俘，這就能解釋為什麼他們會受到不人道的對待。這群奴隸還包括許多原本是巴比倫及其管轄地區因為犯罪或欠債而被賣為奴的自由人。當時的人們也會把自己或妻兒當作擔保品抵押，一旦無法償還債務，在違約的情況下，這些作為擔保品抵押之人也會被變賣為奴。

監工破口大罵，像對待畜生一樣毫不留情地鞭打著落後隊伍的奴隸，那些衣衫襤褸的可憐人走路搖搖晃晃，直接被沉重的籃子壓得爬不起來。如果皮鞭還無法讓他們起身，下場就是被拖到路邊，躺在地上痛苦哀嚎等死，跟其他同樣命運的屍體一起草草丟進坑裡埋葬。眼前可怕的畫面令我不寒而慄。如果我沒法在奴隸市集中脫身，我的命運就會跟眼前這些人一樣悲慘。

戈多佐說得沒錯。我們進城後先被關進奴隸牢房，隔天一早就被帶到市集的圍欄子。其他人都因恐懼而蜷縮在一起，只有守衛的鞭子落下，他們才會稍稍移動，方便買家檢查。我和梅吉多則抓住每個能跟買家接觸的機會。

奴隸販子帶來了國王衛隊的士兵，他們給海盜戴上鐐銬，海盜的反抗只換來一頓毒打。他被帶走時，我為他感到難過。

梅吉多的直覺告訴他，我們兩人很快就要分開了。當時附近沒有買家，他真誠地告訴我，要我記住未來工作的價值，他說：「有些人討厭工作，把工作當成敵人，但你最好把它當成朋友，讓自己喜歡工作，更不要在意工作有多辛苦。想想看，如果你是為自己建造一棟好房子，你還會在意房梁的重量和從水井打水和泥的距離嗎？年輕人，答應我，如果你遇上了好主人，一定要為他努力工作。但如果他不感謝你的付出，也別放在心上。記住，好好工作對自己是有幫助的，會讓你成為更好的人。」這時，他沒再說下去，因為有個身材魁梧的農民在圍欄邊仔細打量著我們。

梅吉多詢問對方的農田和莊稼情況，很快證明自己的用處，說服對方買下自己。與奴隸販子一番激烈討價還價後，農夫從袍子下掏出一大袋錢，梅吉多很快就跟著新主人離開，消失在我的視線裡。

那天上午被賣掉的人屈指可數。中午時，戈多佐偷偷告訴我，奴隸販子已經快沒耐心，很可能傍晚就會把剩下的奴隸全部賣給國王的人，晚上直接離開。在我絕望之際，一個長得胖胖但看起來很和善的人走到牆邊，詢問我們當中有沒有人會做麵包。

我湊上前對他說：「像您這麼好的麵包師傅，為什麼要找個技不如您的人為您工作呢？您何不把技藝傳授給願意學習的人呢？就像我。您仔細瞧瞧，我年輕、強壯，還喜歡工作。如果您願意給我機會，我會盡最大努力為您賺進大把黃金銀兩。」

我的強烈意願打動了他，他開始跟奴隸販子討價還價。自從我落入這販子手中，他從沒正眼正視過我，但此刻他卻開始口沫橫飛地誇讚我，說我能力強、身體壯、性格好，我感覺自己成了一頭待宰的肥牛。但最讓我高興的莫過於交易成功。我跟著新主人離開時，心想我真是巴比倫最幸運的人了。

我非常喜歡我的新家。我的主人納納奈德教我怎麼使用院子裡的石臼搗麥，如何燒爐火，還有如何磨細芝麻粉做蜂蜜蛋糕。他在穀倉裡幫我準備了一張床。而老女僕史瓦斯蒂則給了我可口的飯菜，還很高興我幫她做重活。

這就是我渴望能向主人展示價值的機會，更希望有朝一日，我能恢復自由之身。

我請求納納奈德教我如何揉麵團和烤麵包。他非常高興我願意學習，也樂於教我。我越做越好之後，又向他請教如何製作蜂蜜蛋糕。後來我學會所有製作麵包的技術，主人也樂得清閒。但史瓦斯蒂卻搖頭表示不贊成，說：「一個人無所事事不工作並不是好事。」

我意識到現在該是想辦法賺錢，為自己贖回自由的時候了。我心想，中午烘焙工作告一段落後，如果下午和晚上我可以再找點能賺錢的事情做，並且把一部分收入給他，納納奈德應該不會反對。接著我又想到，何不多烤些蜂蜜蛋糕，拿到街上賣給肚子餓的人呢？

我把想法告訴納納奈德，對他說：「如果中午烘焙工作結束後，我能利用下午的時間幫您賺到更多錢，這些多出來的錢，有一部分歸您，一部分讓我去買想要和需要的東西，您覺得如何？」

「不錯，很公平。」他點頭同意。當我說打算賣蜂蜜蛋糕，他欣然同意，然後建議說：「這麼著，你就兩塊蛋糕賣一分錢，其中一半用來支付麵粉、蜂蜜和木材成本，剩下的一半是利潤，我們再對半平分。」

我非常感謝他的大方，願意把四分之一的收入留給我。當晚我連夜製作了展示蛋糕的托盤。納納奈德給我一件舊長袍，讓我看起來體面些，史瓦斯蒂則幫我縫補衣服，還將它洗得乾乾淨淨。

隔天，我多烤了一些蜂蜜蛋糕備用。這些蛋糕擺在盤子上，看起來非常可口誘人。一開始並沒有人注意，我也很沮喪。但我堅持著，一直快到傍晚時，許多人都餓了，我的蛋糕很快銷售一空。

納納奈德對成果非常滿意，並且很樂意把答應給我的那部分錢分給我。我很開心終於有了屬於自己的一筆小錢。梅吉多說得很對，主人會喜歡努力工作的奴隸。當晚，我興奮得難以入眠，算著這樣一年下來能賺多少錢，還需要多少年才能買回自由。

我每天都固定端著蛋糕到街上叫賣，很快就有了常客，其中一位就是你的祖父阿拉德，他當時是地毯商人，經常牽著駝貨的驢子，帶著一名照料驢子的黑奴，從城市的一端走到另一端，向家庭主婦販售地毯。他會給自己買兩塊蛋糕，也給黑奴買兩塊，每次停下來吃蛋糕時就會跟我閒聊。

有一天，你祖父對我說了一些話，這些話我永遠忘不了。他說：「年輕人，我喜歡蛋糕，但我更喜歡你賣蛋糕的上進心。這種精神會讓你在成功的道路上走得更遠。」

哈丹古拉，你肯定無法理解這幾句話對我是多麼大的鼓勵，當時我只是個小奴隸，孤零零地生活在這大城市裡，拚盡全力只想擺脫屈辱的生活。

幾個月過去了，我也一直在存錢，錢包的重量開始讓我安心。正如梅吉多所說，工作是我最好的朋友。那段時間我很開心，但史瓦斯蒂卻憂心忡忡。

「我很擔心主人一直老往賭場跑。」她告訴我。

有一天，我在街上遇見了我的老朋友梅吉多，我高興極了。他正牽著三頭馱著滿滿蔬菜的驢子要去市場。「我過得很好，」他說：「主人非常欣賞我努力工作，現在我已經是工頭了。你看，他還很放心把生意交給我，還派人把我的家人接來。努力工作幫我解決了不少麻煩。總有一天，我一定能買回自由，而且還能重新擁有屬於自己的農場。」

日子一天天過去，納納奈德也一天比一天更盼望我早點賣完蛋糕回家。我一回去，他就迫不及待地分錢，還會催促我拓展市場，多賣些蛋糕。

我經常到城外去拜託那些看管修牆奴隸的監工買我的蛋糕。我討厭看到這讓人害怕的地方，但這些監工出手大方。有一天，我很意外看到札巴多竟然背著裝滿磚頭的籃子在排隊，他消瘦許多，整個腰都挺不直，背上全是被鞭打的傷疤。看到他這樣，我十分難過。我遞給他一塊蛋糕，他像一頭飢餓的野獸，直接把蛋糕塞進嘴裡。

我看到他貪婪的眼神，我在他伸手搶食前趕緊抓起托盤就跑。

有一天，阿拉德問了跟你同樣的問題，他問我：「你為什麼要這麼努力工作？」我把梅吉多告訴我關於工作的話對他說了一遍，以及我如何證明工作是我的好朋友。我還驕傲地向他展示錢包，解釋我要如何存錢贖回自由。

「得到自由之後，你有什麼打算？」他問我。

「我想當個商人。」我回答。

當時，他對我說了一些真心話，這是我沒料到的。他說：「你不知道我也是個奴隸吧。我跟我的主人合夥。」

「你住口！」哈丹古拉生氣地說，眼神裡充滿怒火：「我不想聽到這種詆毀我祖父的謊言。他不可能是奴隸。」

沙魯那達冷靜地繼續說下去。「我很尊敬你的祖父，他靠著自己的力量克服困境，成為大馬士革受人尊敬的對象。你身為他的後代，難道不該跟他一樣嗎？你有沒有勇氣去面對現實？還是只想活在假象之中？」

哈丹古拉在馬背上挺起身子，用壓抑著內心波動情緒的聲音說：「我的祖父深受大家愛戴，他所做的善事更是不勝枚舉。發生飢荒時，他從埃及購買大批糧食，更是靠著他的商隊才把糧食運回大馬士革，分發給所有災民，難道不是因為他，大家才不會餓死嗎？結果現在你告訴我，說他只是一個巴比倫的低賤奴隸？」

「如果他一輩子都在巴比倫為奴，或許就真的會讓人看不起。但他透過自己的努力，成為大馬士革了不起的人物時，諸神已經赦免了他的不幸，並使他得到眾人尊重。」沙魯那達回答。

沙魯那達繼續將故事說下去：

在阿拉德說出自己曾經是奴隸之後，他也告訴我，他是多麼急切想要贖回自由。可是他存夠錢之後，卻不知道接下來該怎麼做，這念頭困擾著他。他不再努力做生意，更害怕失去主人支持的日子。

我不認同他在這件事情上的猶豫不決，說道：「不要再依附你的主人了。想想重新當個自由人的感覺吧！當個真正的自由人，像個自由人一樣的成功！決定好你想要什麼，然後努力去實現！」他說他很高興我直斥了他的懦弱，然後就離開了。[2]

有一天，我又到城門外賣蛋糕，意外發現有一群人聚集在那兒。當我詢問發生何事，一名男子告訴我：「你沒聽說嗎？有個逃跑的奴隸殺死了守衛，被抓了回來，今天要被鞭刑打死，而且國王也會到場。」

鞭刑柱周圍擠滿了人，我不敢太靠近，免得打翻了蛋糕。於是我爬上了尚未完工的城牆，從現場攢動人群的頭頂望去。我很幸運看到了尼布甲尼撒國王搭乘黃金戰車出現。我從未見過如此壯觀的場

2　作者註：古巴比倫的奴隸制度是嚴格受法律管制，在我們看來或許有其自相矛盾之處，例如奴隸可以擁有任何形式的私人財產，甚至擁有自己的奴隸，只要主人沒有異議。奴隸也可以與非奴隸自由通婚。只要母親是自由人，孩子也是自由人。許多城市的商人都是奴隸，大部分都是與主人合作，憑藉自身努力致富。

＊　＊　＊

面、如此精緻的長袍以及華麗的金色天鵝絨帷幔。

我看不見行刑過程，但能聽見受刑奴隸的聲聲慘叫。我想知道，尊貴的國王是如何能忍受這種殘忍的聲音。然而，當我看見他和其他貴族們不當一回事地玩笑取樂時，我明白了他的殘忍，也知道為什麼會有人用如此慘無人道的方式修築城牆。

那名受刑的奴隸死後，他的屍體被倒吊在長竿上示眾。人潮逐漸散去後，我靠近一看，看到了屍體毛茸茸胸前上的刺青，是兩條盤纏在一起的蛇。他是海盜。

我再次見到阿拉德時，他已經改頭換面了。他十分熱情地跟我打招呼，說：「你看，你所認識的奴隸現在已經是個自由人了。你的話帶有神奇的魔力。我的生意和利潤都越來越好，妻子也很高興，她是我主人的姪女，是個自由人。她非常希望我們能搬到一個新的地方、一個沒人知道我是奴隸的地方重新開始。如此一來，孩子就不會因為父親的過去而承受不必要的異樣眼光。工作成了我的好幫手，讓我重拾自信並且找回做生意的技巧。」

我很高興能以綿薄之力回報他當時對我的鼓勵。

有天晚上，史瓦斯蒂憂心忡忡地來找我，說：「主人有麻煩了，我很擔心他。前幾個月他在賭桌上輸了一大筆錢，現在還不出錢來，債主很生氣，一直在威脅他。」

「為什麼我們要替他的愚蠢而擔心呢？我們又不是他的保母。」我不假思索地回答。

「愚蠢的年輕人啊，你還不明白嗎？他是抵押你去借錢的。按照法律規定，他可以賣掉你。我已經不知道該怎麼辦了。他是個好主人，但為什麼？為什麼會惹上這種麻煩？」

史瓦斯蒂的擔心不是沒有道理的。隔天早上我在烤麵包時，債主帶了一個叫薩西的人上門。那個人打量了我一番，說他願意買下我。

債主沒有等主人回來，只叫史瓦斯蒂轉告就直接把我帶走了。我只穿著身上的長袍，帶上錢包裡的錢，連麵包都還來不及烤完就匆匆被帶走了。

就這樣，我最大的願望被無情地捲走，猶如一棵大樹被連根拔起，捲入波濤洶湧的大海中。賭博和啤酒再次把我害慘了。

薩西是個粗暴無理的老粗。他帶我穿過城市時，我告訴他我為納納奈德所做的一切出色工作，並表示我也願意為他好好工作。他冷冷地告訴我：

「我不喜歡這工作，我主人也不喜歡。是國王要他派我來修建大運河。主人要我多買幾個奴隸加緊趕工，早點完成任務。我呸，這麼多活是能做多快？」

想像這畫面：在一片沒有大樹的沙漠，只有低矮灌木叢，烈日炎炎，桶裡的水被曬得滾燙，根本沒法喝。然後想像有一排奴隸走進溝渠深處，拖著沉重土筐沿著塵土飛揚的小路往上走，從日出做到日落。想像一下，食物都放在敞開的食槽中，我們就像豬一樣吃著這些東西。沒有帳篷，沒有稻草為床，這就是我的處境。我把錢埋在坑裡，做上標記，不知道是否還有把這袋錢重新挖出來的一日。一開始我還願意好好工作，但幾個月過去後，我覺得精神要崩潰了。接著，我疲憊不堪的身體開始發高燒，食慾全無，幾乎吃不下羊肉和蔬菜。到了晚上，我又無法入睡。

在這段生不如死的期間，我不免想知道札巴多當初逃避工作、偷懶的方式，是否才是最好的選擇？但我想起最後一次見到他的模樣，我知道這不是個好主意。

我想起了海盜的慘死，也忍不住在想，還是我該選擇挺身而戰呢？一想到他流血的模樣，我知道這方法也不管用。

然後我想起最後一次見到梅吉多，雖然他的雙手因為長時間辛苦工作而長滿老繭，但他內心是輕鬆的，臉上更洋溢著幸福。我想，這才是最好的計畫。

但儘管我跟梅吉多一樣努力工作，甚至我做得更多，但為什麼我得不到幸福和成功呢？是工作帶給梅吉多幸福，抑或這些幸福和成功只是諸神的庇佑呢？我要終其一生這樣埋頭工作，就算無法滿足慾望，就算得不到幸福和成功都無所謂嗎？這些問題在我腦海裡揮之不去，但我還找不到答案。事實上，我困惑不已。

幾天後，我已經快忍無可忍，但問題依舊無解。這時候，薩西派人來找我，說主人差人來帶我回巴比倫。我挖出了我寶貝的錢包，穿上破破爛爛的長袍就上路了。

騎馬前往巴比倫的途中，那些想法又在我發燒的腦中盤旋。我現在的生活，就跟老家哈倫流傳的一首怪歌一樣：

被颶風包圍，
遭風暴驅趕，
無人可跟隨，
命運未可知。

難道我命中注定要因為不明原因遭到這種懲罰？為什麼總有新的磨難和痛苦在等著我呢？

當馬兒停在主人家門前，我沒想到阿拉德就站在門口等我。你知道我有多驚訝嗎！他扶我下來，像失散多年的兄弟一樣緊緊擁抱我。

我們往前走時，我像奴隸跟在主人身後般前進，但他不要我這樣。他搭著我肩膀說：「我到處找你，找到都快要放棄時，正好遇到史瓦斯蒂，她告訴我你被抵押帶走的事情，帶我去找你的新主人。我跟他談了很久，最後以極高的價錢把你贖回來，雖然花了不少錢，但是你值得。我今天的成功，就是拜你的工作哲學和生意頭腦所賜。」

「是梅吉多的工作哲學，不是我的，」我打岔說。

「是梅吉多的，也是你的。多虧你們兩人。我們現在要去大馬士革，我要你做我的夥伴。」他喊道：「瞧！你馬上就要自由了！」他邊說邊從長袍下拿出刻有我姓名和奴隸身分的泥板，把它舉高後再用力摔在鵝卵石地板上，直接砸成碎片，然後愉快地把碎片踩成粉土。

我眼中滿是感激的淚水。我知道自己是巴比倫最幸運的人。你看，事實證明在我人生最黑暗的那段時光裡，工作就是我最好的朋友。因為我願意努力工作，才能免於被賣去修築城牆的命運，也讓你祖父注意到我，選擇我成為他的生意夥伴。

哈丹古拉接著問：「我祖父致富的祕訣就是努力工作嗎？」

「我剛認識他的時候，這就是唯一的祕訣，」沙魯那達回答：「你祖父非常享受工作。諸神也看到他的努力，慷慨地獎勵了他。」

「我好像開始明白了，」哈丹古拉若有所思地說：「工作為他帶來許多朋友，大家都很羨慕工作為他帶來的產業與成功，也讓他成為大馬士革受尊敬的人，更帶來我所想要的一切，但我卻以為工作是奴隸在做的事情。」

「人生中有許多樂趣值得我們盡情享受，」沙魯那達說：「每個人都有自己的位置，我也很慶幸工作不是為奴隸而存在，不然的話，我就失去最大的樂趣了。我喜歡很多事情，但沒有任何一件事情能代替工作在我心中的地位。」

沙魯那達和哈丹古拉沿著高牆的影子，騎著馬朝巴比倫巨大的青銅城門前進，到達城門時，守衛立刻上前，恭敬地向這位榮譽市民致意。沙魯那達抬頭挺胸帶領長長的商隊穿過城門，進入城裡的街道。

「我一直都想成為像我祖父那樣的人，」哈丹古拉終於吐露心聲：「我之前一直不了解他是怎樣的一個人，現在我明白了。謝謝你告訴我，我更佩服他了，我一定要成為跟他一樣的人。你把他成功的祕訣告訴了我，這一點我恐怕永遠都無以為報。但從今天開始，我會善用他的方法，腳踏實地像他一樣白手起家，這比珠寶和華服更符合我真正的身分。」

語畢，哈丹古拉將身上的耳環和戒指取下，然後勒住馬，往後退了幾步，帶著深深敬意騎在商隊領隊後方，昂首堅定地前進。

第十一章

巴比倫歷史速寫

在歷史的篇章中，沒有一座城市比巴比倫更迷人。一說到巴比倫，人們直接就聯想到財富與輝煌，是一座擁有無盡黃金和珠寶的城市，更自然地將這富庶之城描繪成位處熱帶繁華的環境中，周邊圍繞著大片森林及擁有豐富礦產。但事實並非如此。這座城市位於幼發拉底河畔，一處地處貧瘠的山谷之中，周圍沒有森林、沒有礦產，就連建築用的石頭都沒有。巴比倫也不在任何一條天然的貿易要道之上，連降雨量都不足以種植莊稼。

巴比倫是一座人類利用一切方法、實現偉大目標的最佳典範。支撐這座大城市的所有資源都是由人類開發興建，所有財富都是由人類所創造的。

巴比倫只有兩種天然資源——沃土與河水。古巴比倫的工程師透過水壩和灌溉渠道將河水分流，這是當今世界上最偉大的工程成就之一。運河流經乾旱的山谷，為肥沃的土壤注入生命之水，這是歷史上最頂尖的水利工程之一。灌溉系統為當地帶來豐富的農作物，更是歷史上前所未見。

所幸，巴比倫雖然經歷不同國王的統治，但在其漫長的歷史中，遭遇入侵和掠奪都只是偶發事件。雖然有大大小小的戰爭，但大多數都是內部戰爭，或是防覬野心勃勃、覬覦財富的外來者入侵。巴比倫偉大的統治者皆因其智慧、雄心和公正而名留青史。巴比倫的歷史上從未出現企圖以武力征服世界、令他國臣服那種不可一世的君主。

作為一座曾經輝煌的城市，巴比倫現已不復存在。當建造和維護這座城市數千年的人力逐漸消亡後，這座城市很快也就變成一片荒蕪的廢墟。它位處亞洲，在蘇伊士運河以東六百英里、波斯灣以北之處。巴比倫位於北緯三十度，相當於亞利桑那州的猶馬市，氣候也同樣炎熱乾燥。

幼發拉底河的山谷曾經是一處人口稠密的灌溉農業區，但現在又成了一片狂風肆虐的乾涸荒原。貧瘠的草地和沙漠灌木都在風沙中求生，肥沃的土地、龐大的城市和滿載豐富商品的商隊都已不在了，只剩下阿拉伯的游牧民族，靠著放養一小群牛羊勉強度日。這種情況大約從西曆紀年就出現了。

山谷中散布著零星土丘。幾世紀以來，旅人並不覺得這有任何特別之處。然而，幾次暴雨沖刷後，沖出了陶器和磚塊碎片，終於引起了考古學家的注意。歐洲和美國的博物館資助考古隊到此進行挖掘，看看能發現什麼。挖掘工作很快就發現這土丘原來是一座古代城市的遺址，又或稱為「城市之墳」。

巴比倫就是其中之一。二十世紀以來，風吹開了沙漠的塵土，城牆是以磚砌成，暴露在外的部分皆已崩塌，回歸塵土。曾經繁榮富庶的巴比倫，如今只剩下斷垣殘壁，連世人都不知其名。直到考古學家小心翼翼清理掉覆蓋在街道上的百年塵土，看到了皇宮與神廟的瓦礫碎片，這座失落的城市才重新為人所知。

許多科學家認為，古巴比倫和這座山谷中的其他城市，是現存歷史記載上最古老的文明。經證實，確切時間可以回溯到八千年前。關於確定日期的方法有個有趣的傳說。考古人員在巴比倫的廢墟中發現了關於日蝕的記載，而現代天文學家則根據記載，輕而易舉地推算出巴比倫觀測該次日蝕的具體時間，由此建立了古巴比倫曆法與現代曆法之間的關係。

如此一來，我們就可以證明在八千年前，居住在巴比倫城的蘇美人是生活在有城牆的城市裡，但至於這種城市型態到底存在了多久，就只能用猜想的了。住在城牆裡的居民並非野蠻人，許多都受過教育，具備一定的知識。根據史書記載，他們是最早的工程師、天文學家、數學家、財務專家，他們也是第一個有文字的文明。

先前提過巴比倫的灌溉系統將乾旱山谷變成農業天堂，而當年的運河雖早已被泥沙淹沒，但遺跡至今依然有跡可循。當河床中沒有水的時候，部分運河的寬度甚至可以讓十二匹馬並排通過。在規模上，與今日美國科羅拉多州和猶他州最大的運河不相上下。

除了修築渠道灌溉山谷土地，巴比倫的工程師還完成了另一項類似規模的工程。透過縝密設計的排水系統，他們將幼發拉底河和底格里斯河河口處的大片沼澤地變成可耕種的農田。

古希臘的旅行家和歷史學家希羅多德曾在巴比倫的鼎盛時期造訪當地，也留下了唯一一份從外人角度描繪巴比倫社會的資料。他的作品生動地描述了這座城市及其人民獨特的風俗習慣，也提到了肥沃土地及大麥和小麥的豐收。

巴比倫的輝煌不再，但智慧卻長存於世。我們受惠於他們記錄生活的方式，在那個遙遠的年代裡，紙張尚未發明，他們辛苦地將文字刻在濕軟的泥板上，經由燒製變成堅硬的泥板。每塊泥板的大小約為六乘八英寸，厚度約為一英寸。

我們所稱的泥板，就是當年常見的書寫工具。泥板上刻寫著傳說、詩歌、歷史、王室法令、土地法規、財產所有權、契約書，甚至還有書信。從出土的泥板中，我們不難窺見當年人們的日常。舉例來說，有塊泥板清楚記載了一間鄉下商店的交易日期與明細，上面有客戶的姓名以及在哪一天用一頭牛換了七袋小麥，其中三袋已現場交付，另外四袋等客戶隨時來取。

當年的泥板都完好地保存在這座廢棄城市裡，考古學家挖掘出大量的泥板，數量之龐大，堪比數座圖書館。

巴比倫的一大奇觀就是圍繞城市而建的巨大城牆。古人將其與埃及的金字塔相提並論，一同列入「世界七大奇景」。據記載，沙米拉姆王后興建了巴比倫的第一座城牆，但如今原始城牆的遺跡已不可考，具體高度也就不得而知。根據早期作家留下來的資料顯示，那座城牆估計高約五十至六十英尺，以焦磚修砌，還有一條很深的護城河作為保護屏障。

後來更著名的城牆是在西元前六百年由那波帕拉薩爾國王所修建。他所計畫的重建規模太過龐大，直至他去世前都沒能親眼見到工程完工。這件工程後來由他的兒子尼布甲尼撒接手完成，就是《聖經》中大家所熟悉的名字。

這道重建的城牆高度及寬度令人難以置信。根據可靠研究記載，該牆高度約為一百六十英尺，相當於現代十五層的辦公大樓；其寬度約在九至十一英里之間。城牆頂端的寬度足以容下一輛六馬戰車奔馳。但這座曾經的建築巨作，如今只剩部分地基和護城河保留下來，其他幾乎都不剩了。除了自然與歲月的侵蝕磨損之外，阿拉伯人取走城牆上的磚石到別處蓋房子，也是城牆破壞殆盡的原因。

在烽煙四起的年代，每個征服者都會率領其銳不可擋的軍隊朝巴比倫城牆輪番進攻，試圖圍困該城，但最後都是無功而返。當年試圖入侵的軍隊不在少數。歷史學家表示，進攻的軍隊通常都有一萬名騎兵、兩萬五千輛戰車、一千兩百個步兵團，每個兵團約為一千人，而且還需要兩、三年的準備工作，為戰線準備好戰爭物資及食物補給。

巴比倫城的組織結構與現代城市非常相似，有街道與商店，商販在居民區販售商品。祭司在宏偉的神廟中執事。城內還有一道圍牆，圍牆內是皇宮禁地，據說宮牆比城牆還高。

巴比倫人精通藝術，包括雕塑、繪畫、編織、黃金工藝以及鑄造金屬武器和農具。珠寶工匠能設計出最具藝術性的珠寶首飾，在富人的古墓中都不難發現這些精美物件，如今這些出土文物都陳列在世界各大博物館中。

在很早的時候，當世界其他地方的人還在用石斧砍樹、用石矛石箭狩獵和打仗時，巴比倫人已經在使用金屬製造的斧頭、長矛和弓箭。

巴比倫人是聰明的金融家和生意人。據我們所知，他們是最早使用貨幣、票據交換和財產權狀的人。

直到西元前五百四十年，巴比倫才遭到破城，但即便如此，城牆依然屹立不倒。巴比倫的淪陷非比尋常。那個時期最偉大的征服者居魯士大帝打算進攻這座城市，拿下這堅不可摧的城牆。謀士建議巴比倫國王那波尼德上前迎戰，在敵軍圍城之前先採取行動，結果巴比倫軍隊吃了敗仗，國王也棄城而逃。後來，居魯士大帝率兵直入敞開的城門，順利占領巴比倫城。

此後，這座城市的力量和聲望逐漸式微，在短短幾百年後就遭到拋棄遺忘，留在原地任風沙侵蝕，曾經的輝煌回歸塵土。巴比倫從此衰落，再無復興的可能，但其文明卻永傳於世。

神廟的高牆雖隨著時間化為塵土，但巴比倫的智慧將永垂不朽。

i生活 28

巴比倫的好野人

讓年輕人不再喊窮

作　　者　喬治・山繆・克拉森
譯　　者　張瓅文
封面&版型設計　丸同連合　**漫畫**　心河　**內文排版**　游淑萍
副總編輯　林獻瑞　**責任編輯**　簡淑媛　**印務經理**　黃禮賢

社　　長　郭重興　**發行人兼出版總監**　曾大福
出 版 者　遠足文化事業股份有限公司　好人出版
新北市新店區民權路108-2號9樓
電話02-2218-1417#1282　傳真02-8667-1065
發　　行　遠足文化事業股份有限公司　新北市新店區民權路108-2號9樓
電話02-2218-1417　傳真02-8667-1065
電子信箱service@bookrep.com.tw　網址http://www.bookrep.com.tw
郵政劃撥　19504465　遠足文化事業股份有限公司
法律顧問　華洋法律事務所　蘇文生律師
印　　製　成陽印刷股份有限公司　電話02-2265-1491

初版　2022年6月15日　**定價**　300元
ISBN　978-626-95972-6-0

國家圖書館出版品預行編目(CIP)資料

巴比倫的好野人：讓年輕人不再喊窮／喬治・山繆・克拉森作；張瓅文譯. -- 初版. -- 新北市：遠足文化事業股份有限公司好人出版：遠足文化事業股份有限公司發行, 2022.06
224面；14.8×21公分. --（i生活；28）
譯自：The richest man in Babylon.

ISBN　978-626-95972-6-0（平裝）

1. 理財　2. 財富　3.成功法

563　111008097

讀者回函QR Code
期待知道您的想法

廣　告　回　信
臺灣北區郵政管理局登記證
第 1 4 4 3 7 號

請直接投郵．郵資由本公司支付

23141
新北市新店區民權路 108 之 3 號 6 樓

好人出版 收

（抽獎回函）

●請沿虛線對折裝訂後寄回，不用貼郵票直接投郵筒，謝謝！

抽獎贈品

市價 NT$12,780 文石 BOOX Nova Air C 7.8 吋彩色電子閱讀器共 3 台，每位得獎者可免費獲贈乙台（內含：主機／磁吸電磁筆（墨綠黑）／ USB 傳輸線／說明書／保固卡／手寫膜〔出廠已貼附〕）

BOOX

2022 年最新一代彩色電子閱讀器
閱讀小說／彩色漫畫／塗鴉手繪／筆記

獲得德國萊茵 TÜV 低藍光認證
開放式的 Android 11 系統

※贈品由 想不同國際股份有限公司 贊助

●抽獎資料（此欄位爲必填，字跡請勿潦草）

· 姓名：＿＿＿＿＿＿＿＿＿＿

· E-mail ：＿＿＿＿＿＿＿＿＿＿（請留最常用之 e-mail，我們會以 e-mail 通知得獎人）

· 地址：＿＿＿＿＿＿＿＿＿＿

· 電話：＿＿＿＿＿＿＿＿＿＿

※ 活動辦法及注意事項

1. 活動期間：自2022年6月15日至2022年8月15日止，逾期無效。
2. 參加資格：居住台澎金馬之購書讀者請於2022年8月15日前（郵戳爲憑）寄回抽獎回函即可參加。
3. **抽獎回函須爲正本，影印無效**。每人寄回之抽獎回函不限張數，多寄可提高中獎率，但每位中獎者僅限獲贈乙台贈品。
4. 抽獎日期：2022年8月19日抽出3名中獎者，並公布於好人出版臉書（https://www.facebook.com/repabs）。好人出版會以主旨爲「好人出版中獎通知」之e-mail通知中獎人。
5. 爲維護中獎者權益，中獎人須於收到中獎通知e-mail後回覆，並附上個人身分證正反面圖檔，贈品會於中獎人收到e-mail通知後兩週內寄給中獎人。中獎人拆封贈品時，請全程錄影，若贈品有非人爲疏失造成之瑕疵而要求更換時，須於收到贈品三日內提出，並檢附拆封影片佐證。
6. 如中獎人未於2022年9月30日前回覆中獎e-mail，視同放棄中獎權利；好人出版會於2022年10月3日在臉書公告棄權者名單並補抽中獎者遞補。
7. 贈品以實物爲準，且不得折換現金或其他商品。
8. 好人出版保留變更、終止本活動之權利，敬請自行注意好人出版臉書公告，恕不另行通知。
9. 如有任何因電腦、網路、電話、技術或不可歸責於好人出版之事由，而使系統誤送活動訊息或得獎通知，好人出版不負任何法律責任，參加者亦不得因此異議。
10. 參加抽獎者一旦參加本活動，則表示同意接受活動辦法及注意事項之約束，如未遵守者視爲拋棄中獎權利。

●購書資料（此欄位爲選填）

- **您的性別是** □男性 □女性 □其他
- **年齡** □20歲以下 □21~30歲 □31~40歲 □41~50歲 □51~60歲 □61歲以上
- **請問您是從哪裡得知本書出版訊息？（可複選）**
  □實體書店 □網路書店 □報紙 □電視 □網路 □廣播 □雜誌 □朋友介紹
  □參加講座活動 □其他＿＿＿＿
- **是在哪裡購買的呢？（單選）**
  □誠品 □博客來 □金石堂 □其他實體書店 □團購 □其他＿＿＿＿
- **讓您燃起購買慾的主要原因是？（可複選）**
  □對此類主題感興趣 □參加講座後，覺得好像不賴
  □喜歡此書的設計 □價格優惠吸引我
  □發燒議題，很多人在討論，我也想知道內容 □其他＿＿＿＿
- **如果您覺得這本書還不錯，它的優點是？（可複選）**
  □主題內容具參考價值 □文筆流暢 □整體設計有質感 □價格實在 □其他＿＿＿＿
- **如果您覺得這本書讓您好失望，它的缺點是？（可複選）**
  □內容與想像不符 □文筆不流暢 □印刷品質差 □版面設計影響閱讀 □價格偏高
  □其他＿＿＿＿